JN143311

新時代の野球データ論

フライボール革命のメカニズム

國學院大学 人間開発学部 准教授
神事 努 監修
Baseball Geeks編集部 著

KANZEN

PROLOGUE フライボール革命に象徴される新時代の幕開け

森本 崚太

これまでの野球データ分析は、統計的な手法を用いて選手の能力やその価値を評価し、今後起こるプレーを予測するものであった。近年メジャーリーグでは、テクノロジーの導入によって試合中のボールの軌道データ（トラッキングデータ）が入手可能になり、プレーの結果だけでなく、その原因に直接アプローチできるようになった。結果とプレーの因果関係が明白になったのである。時速何キロのボールを角度何度で放てばどのような結果になるのか。これがフライボール革命の核となる部分である。

このようなプレーの数値化は、選手の能力開発にも革命をもたらした。フライボール革命を例に取ると、打球の角度を出すためにはどのようにスイングすれば良いのか、打球速度を高めるためのトレーニングはどうしたら良いのかが目標設定できるようになった。バイオメカニクスやトレーニング科学、栄養学などスポーツ科学の知見と紐付けることで、選手の「行動」そのものが変化してきているのである。

選手が競技で活躍できる期間は無限ではない。いつか必ず引退する。限られた時間に最大に能力を発揮するためにデータが活用され始めている。

革命はこれだけではない。監督・コーチや指導に携わるスタッフにも大きな変革が起こっている。メジャーリーグでは、戦略・戦術にデータを落とし込む役割を担うデータコーディネーターと呼ばれる役職が生まれた。また、打撃コーチにデータに精通した野球未経験者を抜擢するチームも出てきており、データを日々の運用にどのように活かしたら良いのか最適解を試行錯誤している。主役はデータではない。データを活用する人なのである。誰が、何のために、どのように活用したら良いのか、まだ手探りの状態と言える。新しい野球データ分析の黎明期であるからこそ、正しい情報をインプットし、日々書き換えられる情報をアップデートし、選手に合わせたテーラーメイド型のアウトプットができる能力が指導者やスタッフには求められてきているのであろう。

本書は「新時代の野球データ論」と銘打って、野球の「真実」を届けるため「翻訳」、「咀嚼」、「編集」を通して様々なデータやスポーツ科学の理論を紹介していく。少々難解な内容も多いかもしれないが「ほんとうであること」に触れた一人でも多くの選手のヒントとなり、指導者の助けとなれば幸いである。


野球データ分析における新時代を創っていくのは決して一流選手だけではない。本書を手に取ったGeekたちによる新たな時代の幕開けはすぐそばにきている。

CONTENTS

PART 2

新時代の野球データ論　投球編

PART 3

新時代の野球データ論 育成編

SPECIAL INTERVIEW

吉田正尚 34

オリックス・バファローズ　外野手

一流打者が語る最新打撃理論とデータとの向き合い方

身長173センチ、プロ野球選手としては“小柄”な体躯ながら、2019年5月22日現在、プロ入りから4年連続でシーズン2ケタ本塁打を記録しているオリックス・バファローズの主砲・吉田正尚。球界を代表する若きスラッガーは、近年流行する「フライボール革命」をどうとらえ、最新のデータ・野球理論と、どう向き合っているのか――。

〝データ〟の登場で、野球界はどう変わったのか

――近年ではトラックマンの普及などで野球におけるあらゆる動作、プレーがデータ化＝数値化できるようになってきています。日本球界のトップカテゴリであるプロ野球でプレーするひとりとして、近年の傾向をどうとらえていますか。

吉田　これまではプレーする選手も、それを教える指導者も「感覚」でしか話せなかったことが、はっきりと数字として出せるようになったのは大きな変化だと思います。自分が取り組んできた練習の成果や「これは良い」と思ったことを数字として見せてもらえると自信にもつながります。感覚とデータが一致するかしないかで、比較もしやすくなりましたし、「確認作業」がより明確にできるようになりました。

――野球界の「総データ化」により、球界には次々と新たな理論も生まれています。その代表例が、メジャーリーグを中心に日本球界にも少しずつ浸透してきている「フライボール革命」です。

吉田　僕自身は、子どものころから「良いスイング」は、本塁打になるスイング」と考えてやってきたので、その意識は変わりません。ただ、長打を打つことの効果が以前よりも認

知されてきたな、という印象は受けています。

——それによって、現場レベルの練習や指導にも変化は生まれているのでしょうか。

吉田　それは、人それぞれなんじゃないですかね。変わったもの、変わらないものはどちらもあるのではないでしょうか。ただ、プロ野球よりも例えば、高校野球の方が、影響が大きいと思います。

——それは、なぜでしょう。

吉田　特に高校野球では「転がせばなんとかなる」という言葉が今も根強く残っている気がします。ゴロをアウトにするためには打球を「捕る」「送球する」「捕る」の3プロセスが必要ですが、フライの場合は「捕る」の1プロセスで済む。当然、相手がミスをする確率はフライよりもゴロの方が高くなります。プロの野手は滅多にエラーしてくれませんが、高校ではまだまだゴロを打つことの利点はあるのかなと。トーナメントとリーグ戦の違いも大きいですよね。負けたら終わりの高校野球では「なんとしてでも勝つ」ことがより求められる。そうなると、どうしても勝つために確率の高い方を選ばざるを得ない。ただ、フライボール革命という言葉が出てきて「勝つためにはフライを打って長打を狙った方が効率的」という新しい常識が生まれつつある。今までのセオリーとは真逆ですから、これから指導や戦い方などが大きく変わる可能性はあると思います。

――とはいえ、高校野球界ではまだまだ「ゴロを転がせ」という考え方が主流です。

吉田　そこは理解できます。いきなり今までとは正反対の理論を取り入れろ、というのは無理がありますし。例えば、今までは特に左の小柄な選手だったりすると、「バットを短く持って逆方向に転がせ」という指導が当たり前でした。それは今も根強い。ただ、チームが勝つためにはその方がいいのかもしれませんが、長い目で選手「個人」のことを考えたらどうなのかな、という思いはあります。

――体が小さい、左打者だからという理由だけで「転がせ」という画一的な指導をするのは違うと。

吉田　決めつけが一番怖いんですよね。例えばメジャーリーグだとそういうのもあまりないじゃないですか。身長が低くても強いスイングをして長打を打てる選手はたくさんいる。日本はどうしても「こういう選手は、こうするのが正解」という形にとらわれがちというか……。それこそ、「感覚」だけで指導してきたわけじゃないですか。

――吉田選手自身、過去にそういう「決めつけ」での指導を受けたことはありますか？

吉田　幸運なことに、一度もないんです。僕もプロとしては小さい方ですけど（身長

173センチ)、これまでの野球人生で「逆方向へ打て」「転がせ」といった指導を受けた記憶はありません。

——もし、そういう指導を受けていたら、野球人生も変わっていたかもしれない。

吉田 小学校からずっと「遠くへ飛ばす」ことを考えてやってきたので、どこかで確率や勝つことを考えてスタイルを変えていたら、小さくまとまってしまっていたかもしれないですね。

——直接的な指導がなかったとはいえ、なぜそこまで「遠くへ飛ばす」ことを意識し続けることができたのでしょう。

吉田 シンプルに、楽しいからです(笑)。体が大きな選手にも負けたくないというか、そもそも負ける気もしなかったですし。自分がやれること、やりたいことを続けただけという感覚です。

コンタクトの瞬間に最大出力が出せるように意識する

——「遠くへ飛ばす」ことを理論立てて考えるようになったのは、いつごろからでしょう。

吉田　大学くらいからだと思います。木製バットに変わって、投手のレベルもぐんと上がった。打たなければいけない変化球も多彩になって、考えて打たないと結果を残すことができなくなってきました。

――具体的に、どういうことを意識して打席に立っているのでしょう。

吉田　僕の打撃スタイルについてはよく「フルスイング」という言葉を使ってもらうのですが、意識としては少し違います。やみくもに「強く振る」ことだけを意識しているのではなく、ボールに対してどれだけ強くコンタクトしていけるか――。もちろん、追い込まれたら反対方向を意識することもありますし、カウントごとにスイングや打球のイメージを変えることもあります。

――「強くコンタクトする」ために一番大切なことは？

吉田　もちろん、すべてを大切にしてはいますが、一番意識しているのはスイングの「軌道」です。なぜなら、どれだけスイングスピードが速くてもボールに当たらなければ意味がない。バットにボールをしっかりと当てるには、正しい軌道を描かなければいけないからです。特にプロの投手には色々なタイプがいて、色々な球種を投げてきます。大きな変化や小さく動くボール、すべてに対応しようと思ったら、ボールの軌道にバットの軌道を合わせていかないと確率は上がりません。例えば、昔でいえば上から振り下ろして「点」で打つイメージが強かったのかもしれませんが、今は状況によって下からあおり気味にスイングして打った方がいいケースもあります。

――アッパー気味のスイング軌道は現在のトレンドでもあります。吉田選手もやはり、そこは意識しますか？

吉田　僕の場合、スイングの軌道は水平（レベルスイング）のイメージです。ただ、例えば、背の高い投手やボールに角度のある投手の場合、少しだけ下から上へのスイング軌道を意識することはあります。角度があるボールに対して水平にバットを振っても、接点がほとんど生まれないですから。

――相手によってスイングの軌道を変える？

吉田　もちろん自分の中でここだけは絶対に変えない、という部分もあります。ただ、自分の中で理想とするスイングが1パターンしかないと、すべてのボールに対応することは難しい。例えばフォークが全然拾えなかったり、インコースのスライダーがファウルにしかならなかったり……。だから相手や状況によっていくつかのスイングパターンを持っておく必要があるんです。

――かなり高度な技術ですね。

吉田　最初は、練習や遊びの中で試しながら感覚をつかんで、それを実戦に持ち込んでいくイメージです。ただそれも、先ほど話したように「感覚とデータのすり合わせ」が以前よりも容易にできるようになったからできるのかもしれません。

――データとして見ることができるから、色々なことを試すことができる。

吉田　良いか悪いかが感覚だけでなく数字で出るわけじゃないですか。それは大きいですよね。

――吉田選手のスイングを見ると、大きなフォロースルーが特徴的に思えます。

特に左手を最後まで押し込んで、身体がねじれるほどバットを振り切っている。

吉田　後ろの手（左手）で押し込むことはかなり意識しています。ボールをしっかりと引きつけて、バットでボールを払うのではなく左手で捕まえにいく。その結果、フォロースルーが大きくなるのかなと。イメージでいうと、6対4、もしくは7対3くらいの割合で右手よりも左手を意識していますね。ただ、難しいのは左手ばかりに力が入ってしまうとこねたようなスイングになってしまうこと。だから両手ともあまり力を入れずに、ボールにコンタクトする瞬間だけ、最大出力を出せるように意識しています。

――トップに入る前の動き、いわゆる「ヒッチ」についてはいかがでしょう。高校、大学、プロと少しずつヒッチが小さくなっている気がするのですが。

吉田　意識して小さくしているわけではありません。大切なのは、トップにいかに気持ちよく、スムーズに入れるか。それを意識していくうちに、少しずつ動きが小さくなってきたのかもしれないですね。昔は「あまりバットを動かすな」と言われていましたが、関係ないと思います。スイングで重要なのはトップに入ってからなので、選手によって一番やりやすい形が理想なのではないでしょうか。

データ全盛期の今、理想とする打撃スタイルとは

――データとの付き合い方やスイングについて話を伺ってきましたが、吉田選手ご自身は特にどういうデータを意識しますか。

吉田　コースや球種など、「得意、不得意」は見ますね。もちろん自分の中でも「ここが得意、ここが不得意」という意識はありますが、データでも確認することで自分の課題や長所をより明確にできます。また、自分だけではなく他の打者、特に結果を残している方のデータを見ることもあります。そうすると、自分と何が違うのか、どこが良いから数字が出るのかが見えてくる。データは、自分の実力を測る「物差し」にもなるんです。

――データ野球の象徴ともいえる「フライボール革命」。この流れは、今後も続いていくのでしょうか。

吉田　まだしばらくは続くのではないでしょうか。しかし、打撃は常に進化していくものだと思いますし、データはあくまでもデータです。結局はそれを生かすも殺すも自分次第。まずは自分の中でしっかりとした理論なり考え方を固めておいて、データはそれを確認するツールとして活用する。データを全く意識しないのはもったいないですが、逆に振り回

され過ぎるのも危険だと思います。

――「フライボール革命」という流行にも、ある意味流されずにプレーする必要がある。

吉田 長打が重要というのは、僕自身はずっと意識してきたこと。ただ、数字の上で「フライを打つ、長打を狙う」方が効率的だったとしても、どんな場面でもとにかく長打だけを狙うのかと言ったら、僕の場合は違います。

――確かにフライボール革命以降、メジャーリーグでは本塁打の数とともに三振の数も激増しています。ただ吉田選手の場合は本塁打が多いのに三振の数は少ない（※2018年は143試合に出場して26本塁打、74三振）。決して「長打だけを狙っている」わけではない、ということでしょうか。

吉田 三振は、嫌ですね。もちろん長打を狙うことは空振りや三振のリスクを増やすかもしれません。もしも三振することを気にせずに全打席で本塁打を狙ったら、本数は増えるでしょう。でも、僕が理想とする打撃はそういうことではない。

――吉田選手が理想とする打撃とは？

吉田 まずは、全方向に長打が打てるということ。それも、確率を落とさずにです。今は打球方向にもかなり傾向が出ているので、相手チームにシフトを敷かれているケースが多い。やはり「どこに打つか分からない」という打者の方が相手は嫌なはずです。打球速度もライト方向の方が速いし、飛距離はレフト方向の方が落ちます。それこそ、「データ」で自分の課題がはっきりと出ている。だからこそ、長所は伸ばしつつ課題もクリアしていくことに向けて、日々取り組んでいます。

――ある意味、「フライボール革命」のさらに上をいく打撃ですね。

吉田　野球を続ける以上はすべてを追求していきたい。数字やタイトルへのこだわりはあまりないですが、本塁打が打てても打率が低いのは嫌だし、その逆も嫌。三振だって少ない方がいい。

――その理想に、近づいている意識はありますか？

吉田　イメージはできていますが、まだまだですね。例えば、逆方向への長打を増やしたければ、今よりもう少しミートポイントを後ろにしてボールを引きつける必要があるのですが、まだ「詰まるのが怖い」という意識があります。「多少詰まってでも力でもっていく」という打ち方も最近は増えていますが、僕にはまだその感覚はありません。練習では意識していますが、試合ではなかなか実践できない。ある程度前でボールをとらえて、右中間方向に強い打球を飛ばすという、自分の長所が消えてしまう気もするので。

――長所を殺さずに課題をクリアするというのも、難しいですね。

吉田　でも、そこが野球の面白さというか、楽しめる部分でもあります。

――というと？

吉田　野球って、これだけ長い歴史があるのに、いまだに「正解」がないんです。ほぼすべての動作がデータ化できるようになった今、どんどん新しい理論が生まれていますが、それもいつかは古くなる。「正解に近づく」ことはできても「正解を見つける」ことは恐らく永遠に不可能なんだと思います。ただ、逆にいえばそれって、常に可能性が残されているということですよね。10割打つのは恐らく不可能でしょうけど、安打や本塁打を1本でも増やす努力を続けることはできる。ちょっと、途方もない話ですけど……（笑）。

――フライボール革命も、いつかは「古い」と言われる時代が来る。

吉田　現時点でもう、「三振が増える」というリスクが分かっているわけですから。三振を奪うために高めに速いボールを投げるなどの対策はすでにされていますし、データも理論も、常に進化し続けています。

――ありがとうございます！　最後に、本書を読んでいる指導者の方や野球をやっている少年たちへメッセージをお願いします。

吉田　野球そのものの理論や技術は、常に変化しています。でも、野球が持つ「楽しさ」は昔も今も変わらない。指導者の方にはまずそこを伝えて頂きたいです。もちろん、楽しいことよりも苦しいことの方が圧倒的に多い（苦笑）。でも、先ほども言ったように野球にはまだまだ大きな可能性が残されています。野球をやっている子どもたちなんて、可能性の塊です。だから、固定概念や決めつけで、その可能性を閉ざさないでほしい。中学、高校時代に対戦した中には、確かに強いけど「全員、同じ打ち方をしているな」というチームがたくさんありました。勝つこと、強くなることも大切ですけど、それってどうなのかな……とも思います。選手一人ひとりに、違う才能があって違う可能性がある。指導者の方はもちろん子どもたち自身も、そこだけは最後まで信じて野球をプレーしてほしいです。

本書に掲載されているデータについて

本書では、メジャーリーグをはじめ、記事テーマに沿ったあらゆるデータを掲載しています。これらのデータはすべて「Baseball Geeks(https://www.baseballgeeks.jp/)編集部」が独自で調査・計測したものに加え、スタットキャスト、セイバーメトリクス、公式記録などの各種データをもとに作成した独自のデータです。

近年、野球界にはデータ革命が起こっています。野球におけるありとあらゆる指標、動作、プレー内容が最新の技術によってデータ化＝数値化されたことで、これまでの常識を覆す新理論や新たな事実が次々と発見、発表されています。

これまで野球を知る、語る上で一般的だった「打率」「本塁打数」「防御率」「勝利数」などとはまた違う、より野球を深く探れるデータの数々をお楽しみください。

PART1

新時代の
野球データ論
打撃編

New theory of batting

トラックマン、スタットキャストといったトラッキングデータの登場により、大きな変革期を迎えた現代の野球界。「フライボール革命」に代表されるように、打撃に関しても次々と新たな理論が生まれており、これまで野球界で叫ばれ続けてきた「打撃の常識」はことごとく覆されつつある。ここでは、球界を席巻しているフライボール革命についての概論や最新事情はもちろん、これまでのセオリーとは真逆と言ってもいい最新の打撃理論、さらには「打者・大谷翔平」の解析まで、「打撃」について新時代のデータ論を紹介する。

最新打撃理論・フライボール革命を考察する
日本球界に浸透する可能性

「フライボール革命」――。

近年メジャーリーグで巻き起こったこの革命が日本でも着々と広がりを見せている。**フライボール革命とは、打者がより得点に貢献する打撃を目指してフライを打ち始めたことを指す**。海の向こうでは近年本塁打が急増しており、２０１７年には過去最多となる６１０５本の本塁打が飛び出した。ここではフライボール革命の有効性を紹介するとともに、「日本人選手にも実現可能かどうか」をデータの側面から考察していきたい。

なぜ、メジャーリーガーたちはフライを打ち始めたのだろうか。そのヒントが、左の表にある。打球の種類別に結果の割合を見てみると、意外な結果が浮かび上がった〈表１－１〉。「長打割合」や「本塁打割合」に注目してほしい。ゴロは長打にはほとんどならず、ライナー、外野フライは同様の長打割合となっている。ゴロの本塁打はもちろん０で、**外野フライは他の打球種別に比べて本塁打割合が圧倒的に高い**。

打球種別	発生割合（%）	安打割合（%）	長打割合（%）	本塁打割合（%）
ゴロ	45	24	2	0
ライナー	25	62	22	2
外野フライ	23	26	22	**17**
内野フライ	7	2	1	0

表1-1　2018年メジャーリーグの打球の種類別結果割合

また、意外なのが「安打割合」だ。〝単打狙い、長打狙い〟の言葉に代表されるように、外野フライは大味なイメージを持つかもしれない。しかし、データで見ると**安打の確率でも外野フライの方がゴロのそれよりも高かった**のだ。

さらに、近年のメジャーリーグでは守備シフトが盛んに敷かれるようになった。トラッキングデータの発展により、どのエリアにどんな打球が飛んできやすいかが分かり、野手は打者の傾向に合わせて守備位置を大きく変更する傾向が強くなってきている。そのため、ゴロで野手の間を抜くことがどんどん難しくなり、ますますフライ打球の需要が高まっているのだ。

データ分析から生まれた新指標「バレル」

フライの有効性が明らかとなり、打者はフライを狙い始めた。しかしながら、ただ漠然とフライを打ってもアウトを増やすだけだ。そこで創出されたのが「バレル」という指標だ。バレルとは打球速度と打球角度の組み合わせで構成されるゾーンのことである。ゾーンに入った打球は必ず打率5割、長打率1・500以上となり、簡単にいえば**「どんな打球」を「どんな角度」で打ち出せば長打になるのかを示す**指標だ〔図1－1〕。

バレルになるには打球速度が**最低158キロ必要**で、その際には打球角度26〜30度の範囲が該当する。バレルになる角度は、打球速度が速くなれば速くなるほど広がり、**187キロに到達すると、8〜50度の範囲がバレルとなる。**

「フライの有効性」に加えて「どんな打球を打てばいいのか」を客観的に表すことができるようになり、メジャーリーガーは漠然とフライを上げるのではなく、バレルゾーンを目指して打球速度と打球角度を意識するようになったのだ。

打球に回転をかけることの是非

では、どう打球速度を速めたり、打球角度を大きくすればいいのか。スイングの観点か

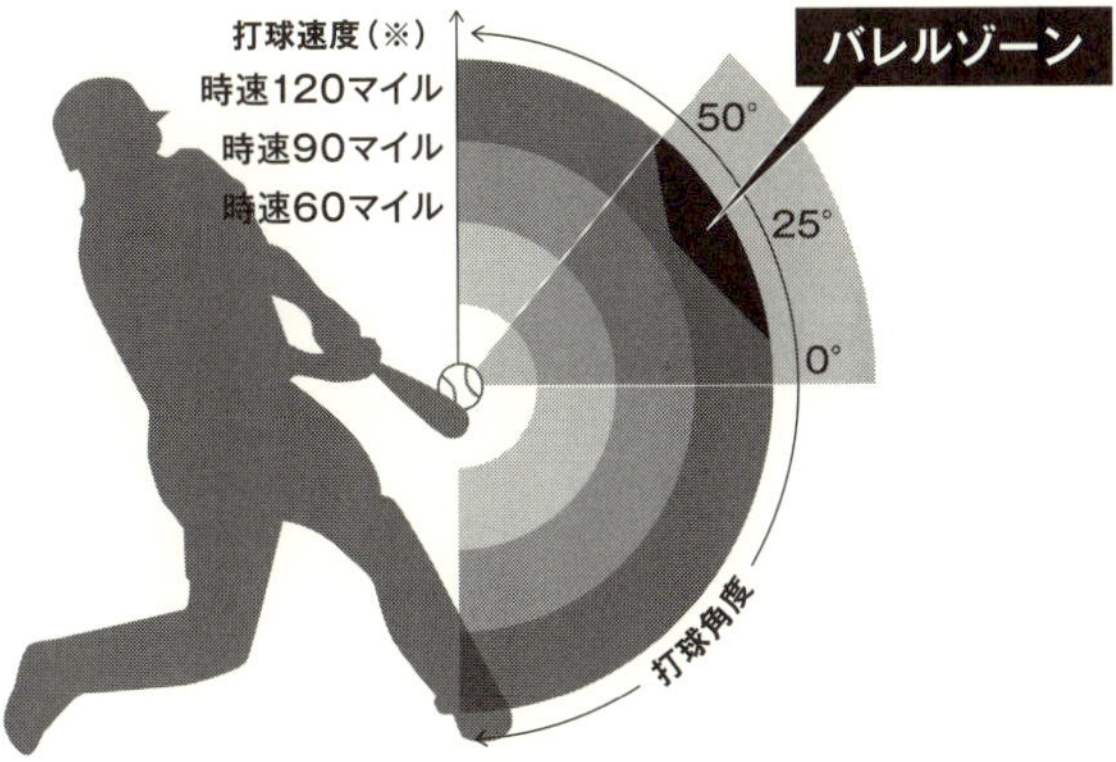

図1-1　バレルの定義。打球速度と打球角度の組み合わせで、バレルゾーン（図中黒のゾーン）に入った打球は長打の割合が急増する
※1マイル＝約1.61km

らも考えたい。打球角度を大きくするにあたり、ボールの下を「切って」バックスピンをかける方法をイメージするかもしれない。しかし、実はこの方法は効果的ではない。

たしかに無回転のボールとバックスピンのかかったボールを同じ速度、かつ同じ角度で投射すると、当然バックスピンのかかったボールの方が作用する揚力は大きくなり、遠くに落下する。しかし、過度に回転数を増加させようとすると、ボールの中心から離れた位置を打つ必要があるため、実際には打球速度は低下してしまい、飛距離も増加しない。

研究結果によると、直球を打つ場合はバットが水平面よりも19度上向きの軌道、つまり

19度アッパースイングで、ボール中心の0・

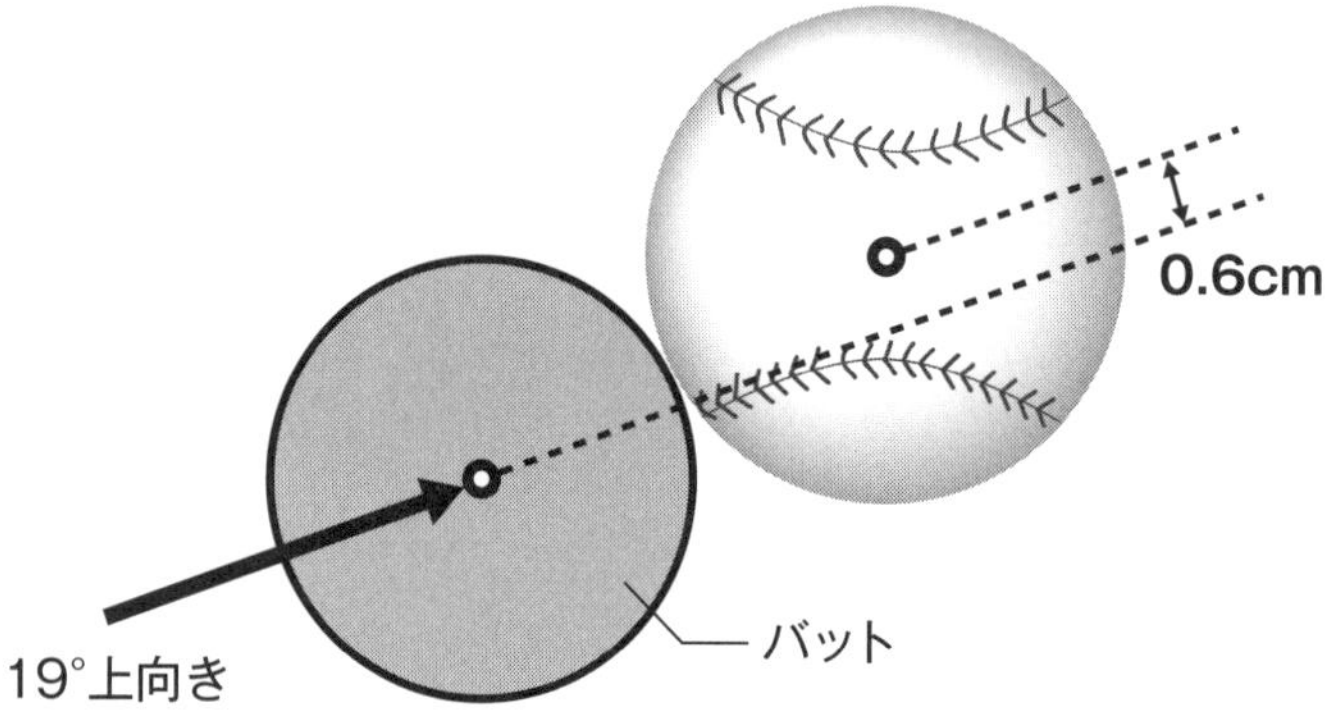

図1-2 飛距離が最大になるインパクトの条件

6センチ下側をインパクトすると、飛距離が最大化するとされている（図1－2）。投球されたボールは通常は落下しながら打者へ向かってくる。多くのフライ打球を放ち、かつ遠くへ打球を飛ばすには、アッパー気味の軌道でボール中心のわずか下側をインパクトすることが必要といえる。

体の小さな日本人には「フライボール」は不向き⁉

フライボール革命に関して必ず巻き起こるのは、「メジャーリーガーに比べて体の小さな日本人選手にフライ打球狙い

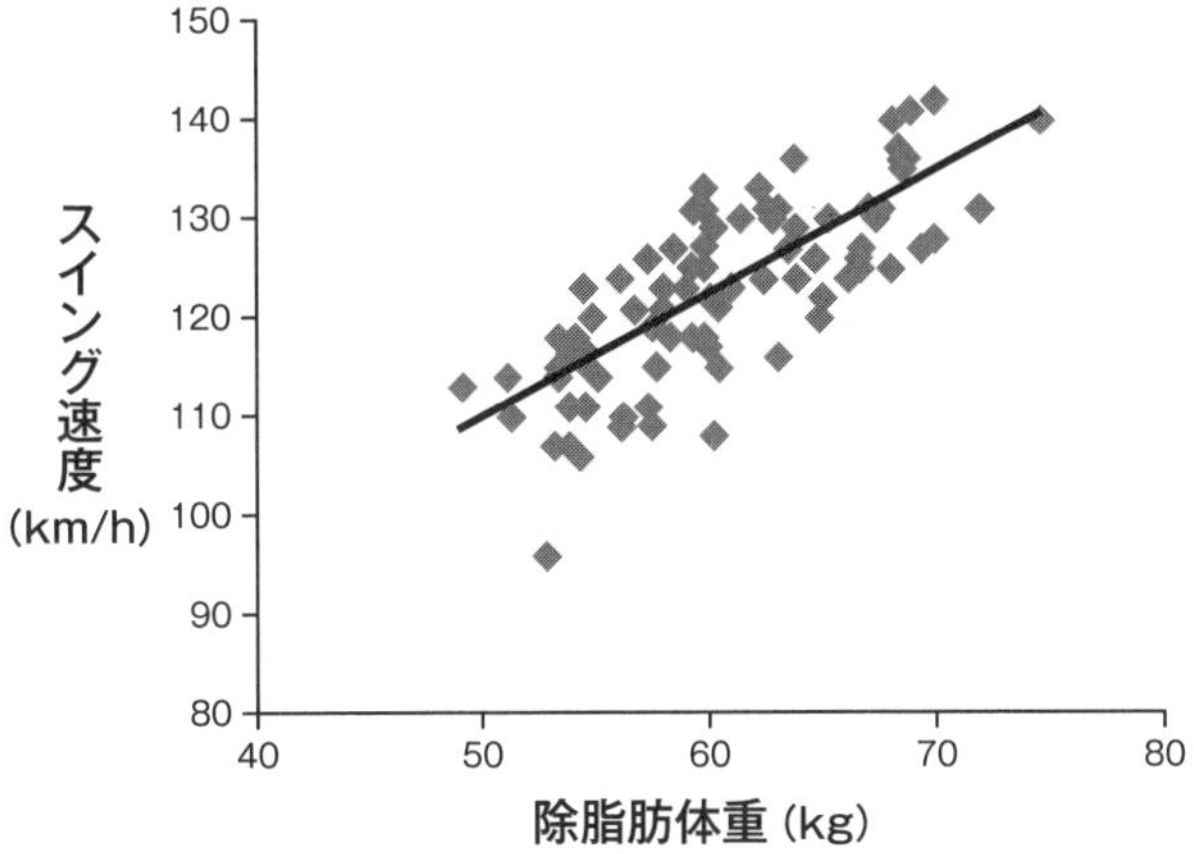

図1-3 除脂肪体重とバットスイング速度の関係(笠原ら, 2012)

は効果的ではないのでは?」という議論だろう。打球が遅く、力のないフライを打ってもアウトになるのが関の山というのが理由だ。そこで、「体の大きさ」に着目し、日本人選手のフライボール革命について考察していきたい。

研究結果によると、筋量の目安となる**除脂肪体重とスイング速度は相関関係にある**とされている〔図1―3〕。やはり**筋量の多い打者はスイング速度が速くなりやすい**ということだ。

また、打球速度とスイング速度の相関関係を示した研究結果を使って逆算すると、打球速度を出すためのスイング速度、そして除脂肪体重を推定することができる。

例えば、17年のメジャーリーグの最高打球速度はジャンカルロ・スタントン（当時マーリンズ、現ヤンキース）が記録した196・7キロだった。これを逆算するとスイング速度が約172キロ必要で、そのスイングを行うためには除脂肪体重が約100キロ必要。スタントンの体重は約111キロで、この打球速度で打つために非常に理にかなった体を有している。

だがしかし、誰しもがスタントンのような体になれるわけではない。日本人選手のフライボール革命を考える上で、再度注目してみたいのは**バレルの「最低条件」**である。バレルの最低条件として、打球速度は158キロが必要だ。逆算してみると、**必要なスイング速度が約128キロで、そのスイングを行うために必要な除脂肪体重は約65キロ**だった。仮に体脂肪率15％だと仮定すると体重約75キロで、日本人選手でも多くの選手がクリアしている数字となる〔図1－4〕。

実は**多くの日本人選手は、適切な角度で打球を打てれば長打を連発できる可能性を秘めているの**だ。このように、「体の大きさ」に着目して、日本人選手のフライボール革命の可能性について考察した結果、実は日本人選手でも多くの選手が長打を量産できる体を有してい

図1-4 バレルの最低条件をクリアするために必要な体重

ることが分かった。

もちろん打撃は多くの技術要素を含むものであり、簡単に筋量や体重だけで説明はできない。しかし、多くの選手が長打を量産できる可能性を有すというデータを示すだけでも、フライボール革命へ挑戦するに値するのではないか。

例えば、トリプルスリーを3度記録している山田哲人（ヤクルト）は76キロという体重で長打を連発している。本当は山田のように長打を量産する能力を秘めているにも関わらず、体の大きさを理由に自らの可能性を摘んでしまっている選手がいるかもしれない。

最新打撃理論・フライボール革命を考察する

上から叩くな！新しいスイング理論

「ボールを上から叩け！」。多くの選手がこの指導を受けたことがあるだろう。しかし、近い将来、この指導が変わるかもしれない。

メジャーリーグではスタットキャストの出現により、打球速度や打球角度を評価できるようになった。ここでは、それらのデータを元に「ボールを上から叩け」という野球指導について考えたい。

データを分析していく中で、まず分かったのは**フライ打球は「長打率」において非常に効果的**だということ。表1－2を見ると、ゴロ打球に対しフライ打球は長打率が非常に高い。長打率が上がると、必然的にセイバーメトリクスの指標であるＯＰＳ（出塁率＋長打率）も高くなる。

打球種別	打率	長打率
ゴロ	0.246	0.270
フライ	0.270	0.851

表1-2　2018年メジャーリーグにおけるフライとゴロの成績比較
（※打球速度140km/h以上）

打球角度（°）	長打率
−10 〜 −1	0.362
0 〜 9	0.666
10 〜 19	1.055
20 〜 29	**1.607**
30 〜 39	1.008
40 〜 49	0.124

表1-3　2018年メジャーリーグにおける打球角度毎の成績比較
（※打球速度140km/h以上）

続けてメジャーリーグ過去10年のデータを分析すると、実は**OPSは打率よりも得点との相関が高い**ことが明らかとなった〔図1－5、図1－6〕。つまり、フライ打球は長打率やOPSを向上させ、ひいては得点の向上に大きく寄与するといえるのだ。

また、打球そのものを分析できるようになったことで、最適な打球角度も浮かび上がってきた。表1－3を見ると、**最も高い長打率を記録しているのは、打球角度が20度台**のときであっ

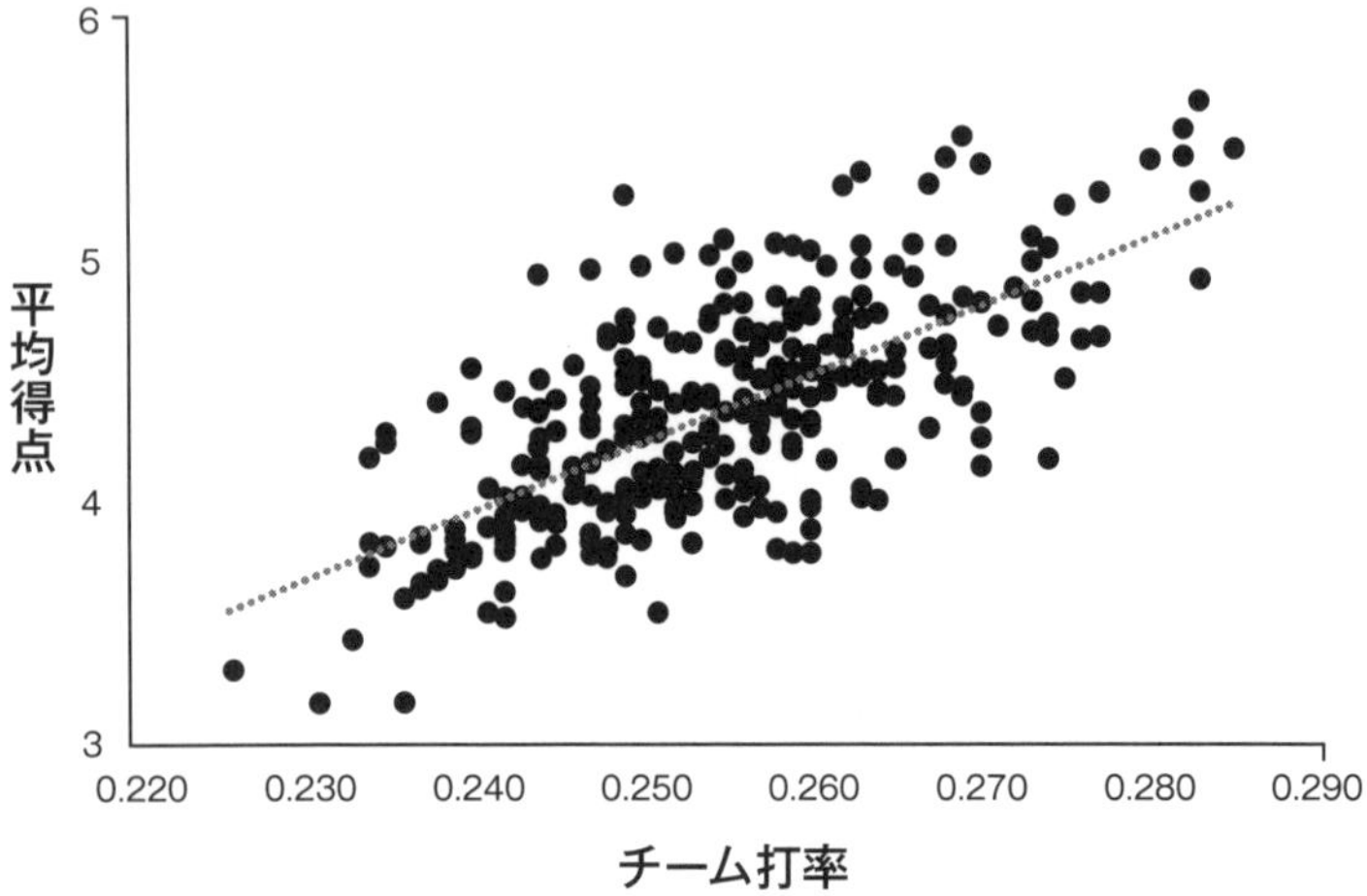

図1-5 打率と得点の関連性

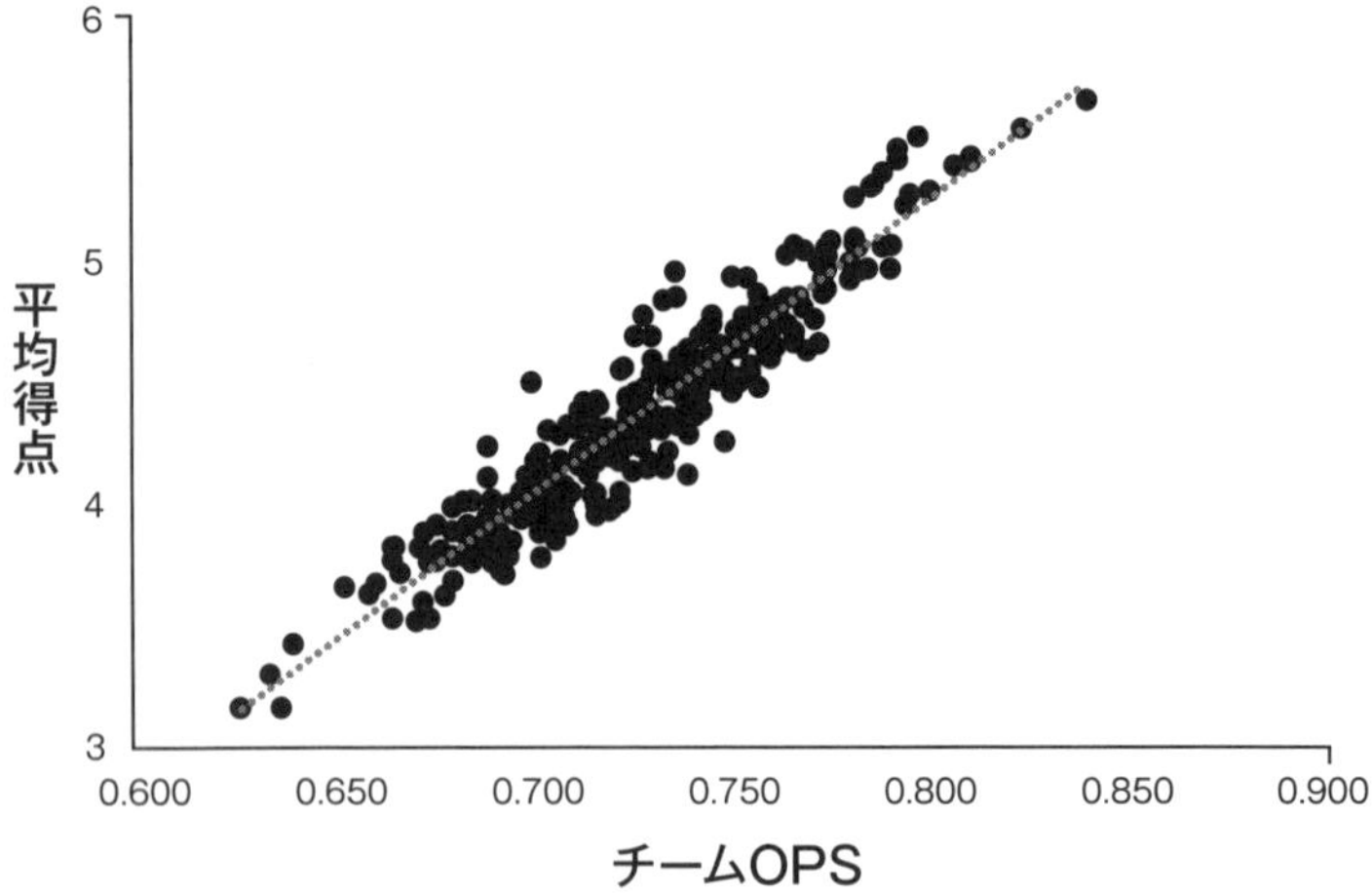

図1-6 OPSと得点の関連性

た。このようにスタットキャストによって、最適な打球角度を客観的な数値として、目標に設定できるようになった。

「フライ打球の有効性」、そして「どんな打球を放てばいいか」が明らかになってきたことで、メジャーリーグでは「フライボール革命」に拍車がかかったのだ。

バイオメカニクスから見るフライボールの効果

近年、スイングに関する研究も急速に進んでいる。研究結果によると、打球速度が速いほど飛距離は大きくなりやすく、打球の回転速度よりも打球速度を速めた方が有効であることが明らかとなっている。

日本では長らくダウンスイングやレベルスイングが指導の主流とされてきた。しかし、ほとんどのホームランバッターはこのようなスイングにはなっていない。

では指導の現場において、なぜこのような誤解を招く指導がされてきたのか。これは「**『主観』と『客観』のズレ**」で説明ができる。

例えば、インタビューに対して「バットを最短距離で出す」と答えるプロの選手は少なくない。しかし、それらの選手のスイングを見ると、決して最短距離ではスイングしていないことが分かる。

たしかに振り遅れないようにするために、最短距離でボールをインパクトしたいという意識は理解できる。しかし、打球速度を速めるためにはスイング速度を速める必要があり、「本当に」最短距離でバットを出しても、ボールは飛んでいかないのだ。

つまり、多くの選手の「最短距離でバットを出す」は主観的な感覚であり、**客観的な〝軌道そのもの〟を指す言葉ではない**ということだ。

選手は「最大速度でインパクトを迎える意識」を「最短距離でインパクトする」と変換して表現しており、「最短距離でバットを出す」を軌道そのものと解釈してしまった結果が、ダウンスイングの指導へと繋がったのかもしれない。

指導者は「主観」と「客観」がズレることを頭に入れて指導することが必要で、それは選手自身も同様だ。スイングや打球のデータは、打者の主観的な軌道と客観的な軌道にどれくらいのズレがあるのかをチェックするための大きな助けとなるだろう。

それらの測定は必ずしも高価な精密機器を必要とせず、スマートフォンとセンサーを用いて打者のスイングを測定・数値化するデバイスも登場している。即時的なフィードバックが行えるだけでなく自身のデータを積み重ねていけるため、好不調の要因を探ったり上達の過程を確認したりできる。

こうした活用を積み重ねることで、これまで漠然としていた「あの選手のようになりたい」が、数値として目標に設定できることになる。野球の「見える化」が加速することに伴って、より効率的な努力ができるようになったと言える。

「フライボールの方が数字は良くなる」

ここまでフライ打球やアッパースイングについて紹介してきたが、最後にボストン・レッドソックスの主砲Ｊ・Ｄ・マルティネスの一言で締めくくりたいと思う。

“You still talk to coaches ‘Oh, you want a line drive right up the middle. Right off the back of the [L-screen in batting practice].’ OK, well that’s a fucking single. To me, the numbers don’t lie. The balls in the air play more.”

「打撃練習の場で、コーチは『ライナーでセンター返しをしろ』と話す。しかしそれではシングルヒットにしかならない。数字は嘘をつかない。フライボールの方が数字は良くなる」

マルティネスは旧来の打撃指導に疑問を持ったことで一流打者のスイングを分析。彼らの多くがアッパースイングであると気づいた。それらのスイングをヒントにフライボールを放つ取り組みを行い、大きく成績を向上させた。まだまだ多くの人が、これまでの常識を鵜呑みにしているかもしれない。

いま目の前にあるその常識は本当に正しいものであるのか。選手自身だけでなく、指導者、観戦者も意識を変えるときが来ているのかもしれない。

最新打撃理論・フライボール革命を考察する
強打者の能力を示す〝打球速度〟

これまで打者を評価する上で使われていた指標は、打率・本塁打といったものが主であった。それらは「結果」をベースにした指標であり、運や機会に左右されるため、ある程度積み重ねないと評価するのが難しかった。

そんな中、**今最も注目されている指標が打球速度**だ。中継でも度々取り上げられており、目にしたことのある方も多いかもしれない。これはスタットキャストで取得できるデータのひとつであり、打者が放った打球の初速を示している。

多くの方が、打球速度は速い方がいいのだろうと、なんとなく感じているかもしれない。速い打球には具体的にどのようなメリットがあるのだろうか。

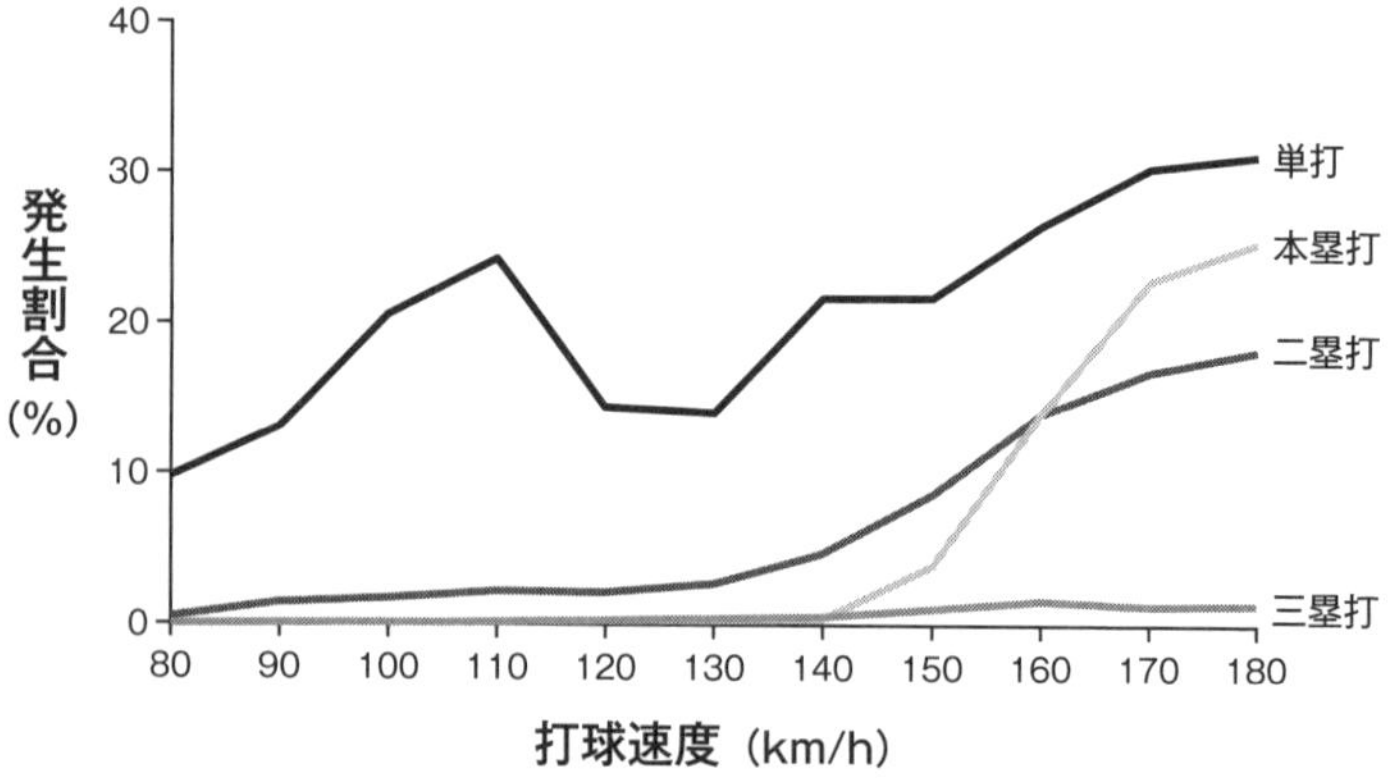

図1-7 2018年メジャーリーグ打球速度別発生割合

セイバーメトリクスから見る打球速度

まず紹介したいのは、打球速度毎の結果割合についてだ〔図1－7〕。データを見ると、**打球速度が速くなるにつれて長打が増加**している。特に本塁打は、150キロを超えたあたりから急激に増加。二塁打や三塁打を見ても、この地点を境に発生割合が増えている。**打球速度150キロは、長打を放つためのひとつの目安**となるかもしれない。

さらに、他にも興味深いデータが見えてくる。長打だけでなく**単打の割合が急上昇する地点も打球速度150キロ付近**なのだ。

奇しくも長打の割合が急増する地点と一致し

ており、打球速度が速くなると「単打も長打も」増える。長打狙い・単打狙いという言葉にあるように、単打は「うまく打つ」ようなイメージを持たれがちだが、速い打球になるとゴロやライナーでも内野の間を抜けていくことが頻発し、結果的に単打も増加するのだろう。

また、110キロ付近に一度単打割合が上昇している地点がある。これはいわゆる「ポテンヒット」系の打球が発生する地点であり、長打はほとんど発生しない。このような打球では得点への貢献はそれほど大きくない。**打球速度を速めて長打を増やすことが、打撃で最も重要**だといえるだろう。

打球速度は選手を評価する上でも大きな注目を集めている。ここではヤンキースの主砲、アーロン・ジャッジの例を紹介したい。

ジャッジは2016年シーズン終盤に、トップレベルの打球速度を残した。当時はデビュー初年度で出場試合こそ少なかったものの、首脳陣は強打者の片りんをのぞかせたジャッジに大きな期待をかけた。すると、レギュラーに定着した翌17年に見事本塁打王に輝き、すぐさまその打力を証明したのだ。このように、**打球速度は「真の強打者」を見つけ出す指標のひとつとして活用**されてきている。

２０１８年のメジャーリーグの打球速度ランキングを見ても、タイトル経験者を含め軒並み強打者たちが名を連ねている（Ｐ50に後述）。

またＰ27でバレルゾーンを紹介したが、打球速度が速ければ速いほど長打になる打球角度の範囲は広がるため、メジャーリーグの打者たちはこのような打球角度を意識しながら打球速度を速める努力をしている。打者の能力基準が変わる日もそう遠くないかもしれない。

打者・大谷翔平を分析する メジャーリーグにアジャストできた理由

2018年、日本球界をわずか5年という短期間で飛び立ち、メジャーリーグ移籍を果たした大谷翔平（エンゼルス）。近代野球の常識を覆す「二刀流プレーヤー」は、日本はもちろん、野球の本場・アメリカでも大きな注目を集めた。

一部ではその実力、特に近年日本人選手の多くが苦しんできた「打者」としての能力を疑問視する声も聞かれたが、終わってみれば投手として10試合に登板し、4勝2敗、防御率3・31。打者としては114試合に出場し、打率・285、22本塁打、61打点、10盗塁を記録。ア・リーグ新人王に輝いた。

特に、故障により打者に専念したシーズン終盤、8月以降の活躍は目覚ましく、48試合で打率・318、13本塁打、OPS1・042と**メジャーリーグ全体でもトップレベル**の成績を残している。

打者イベント割合の変化に見る、大谷爆発の理由

なぜ、大谷は「二刀流」という難解なミッションに挑戦しながら、打者としてメジャーリーグの日本人史に残るような成績を残すことができたのだろうか。

ここでは、「トラックマン」によって取得できるトラッキングデータを使って、大谷の打撃を分析していきたい。

2018年8月以前と、8月以降、大谷にどんな変化があったのか。まず注目したいのが「打者イベント割合」というデータだ〔図1－8〕。「リスク」とは何か。投手と打者が対戦した際には三振・四死球・本塁打・ゾーン内打球（内野フライ・ゴロ・ライナー・外野フライ）のいずれかのイベントが発生する。それぞれのイベント毎にアウトの確率は異なり、三振や内野フライはほぼ100％アウト、ゴロだと75％前後がアウトになる。

一方で外野フライは長打になる確率が高く、ライナーだと30％前後しかアウトにならない。そのため打者は、四死球や本塁打、外野フライやライナーを増やし、アウトを奪われ

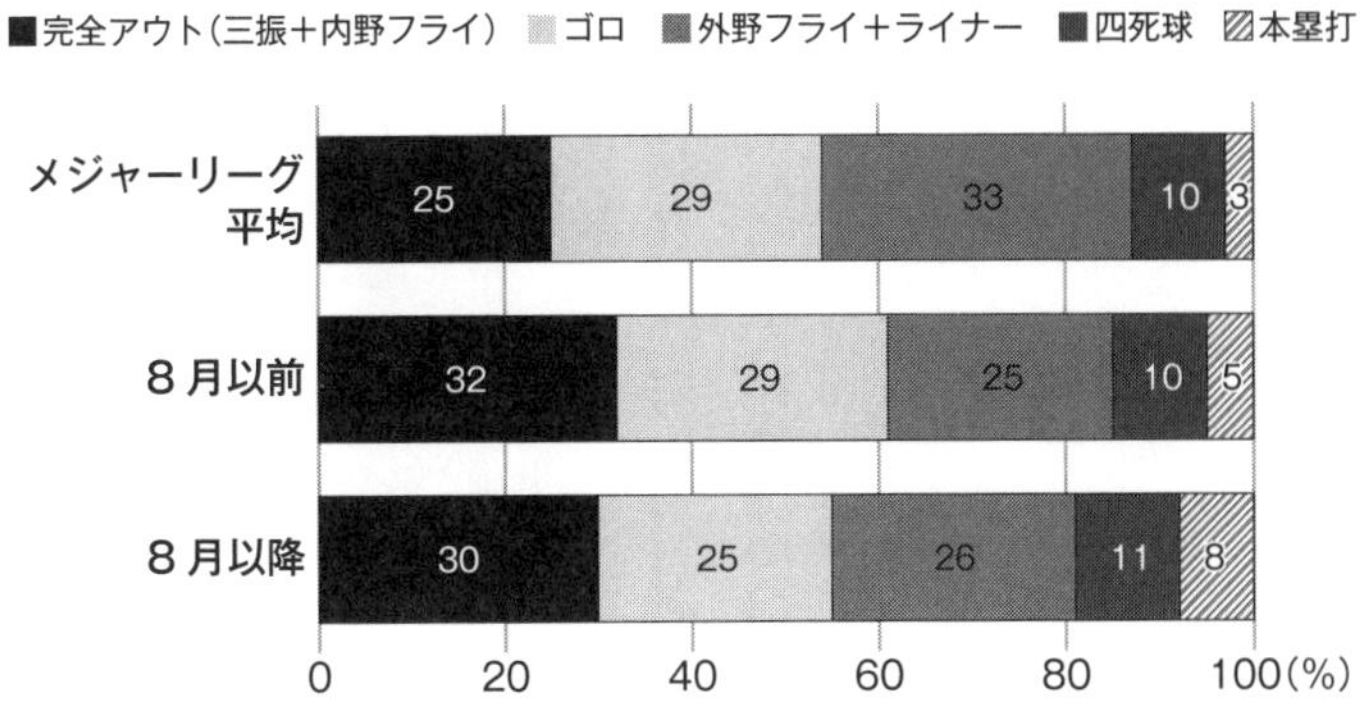

図1-8 大谷の打者イベント割合

るリスクを減らすことが重要となる。

それを前提とした上で図1－8を見ると、興味深い数字が明らかになる。8月以前の大谷は全イベントのうち、完全アウト（三振・内野フライ）が32％、ゴロが29％を占めている。ゴロの割合はメジャーリーグ平均と同程度、完全アウトはメジャーリーグ平均を大きく上回っていることから、その打撃技術がメジャーリーグでは平均的かそれ以下の打者だったことが分かる。

しかし8月以降を見ると、ゴロの割合が25％と大幅に減り、逆に**外野フライ・ライナー・本塁打の割合が増加**している。

完全アウトとゴロを足した数字もメジャーリーグ平均程度まで改善。本塁打に至ってはメジャーリーグ平均を大きく上回っている。このデータからも、大谷がシーズン終盤に爆発したのは「**ゴロを打たなくなった**」ことに起因していると考えられる。

大谷は元来が器用な打者だ。メジャーリーグ特有の2シームやカットボールといった手元で変化するボールに対しても空振りせず、打球を前に飛ばす技術を持っている。ただ、オープン戦からシーズン前半にかけては、それが仇となった。打球に角度をつけるのが難しいボールにも手を出して、ゴロを量産してしまっていたのである。

外野フライ＋ライナーの割合は一見微増程度に見えるが、本塁打割合が高まっていることから、フライの「質」が高まったことも見えてくる。四死球も多く、8月以降の大谷は打者としての完成度が劇的に高まったといえる。

打者・大谷翔平を分析する メジャートップレベルに匹敵する能力とは?

前項では大谷翔平の打者イベント割合から、８月以降に打者として爆発した理由を分析した。しかし、２０１８年終盤の好調の理由はそれだけではない。

ここでは、前項で解説した「ゴロを減らし、フライを増やした」大谷の打撃傾向にさらに踏み込み、フライの「質」を考察していく。表１－４を見てほしい。これは、２０１８年に大谷が記録した打球速度を打球の性質別に表したものだ。

注目したいのは**外野フライの打球速度が8月以降に大きく向上している**点だ。図１－９、図１－10は２０１８年に大谷が放った打球の飛距離を８月以前と以降で表したものだが、明らかに飛距離が伸びている。特に顕著なのは、レフト方向への飛距離だ。

８月以前はレフト方向の打球は50～75ｍの外野フライが多く、長打や本塁打になりにく

打球種別	8月以前の打球速度（km/h）	8月以降の打球速度（km/h）
ゴロ	142	141
ライナー	161	155
外野フライ	155	161
内野フライ	127	122

表1-4　大谷の8月以前、以降の打球速度比較

かった。しかし、8月以降はその浅い外野フライが減り、レフト方向にも飛距離の大きな外野フライを打てている。フライ打球の打球速度が速くなったことで結果的に飛距離が伸び、長打が増えたことが分かる。

全ての打球で打球速度が速くなっているわけではないことから、あくまでも推測ではあるが、スイングそのものやタイミングが変化し、以前よりもより「強いフライ」を打つことに特化したスイングに変化したのかもしれない。

メジャーリーグ屈指の打球速度を誇る大谷

8月以降、特に打球速度が向上した大谷。そのレベルはメジャーリーグ全体でいうと、どの程度のものなのか。

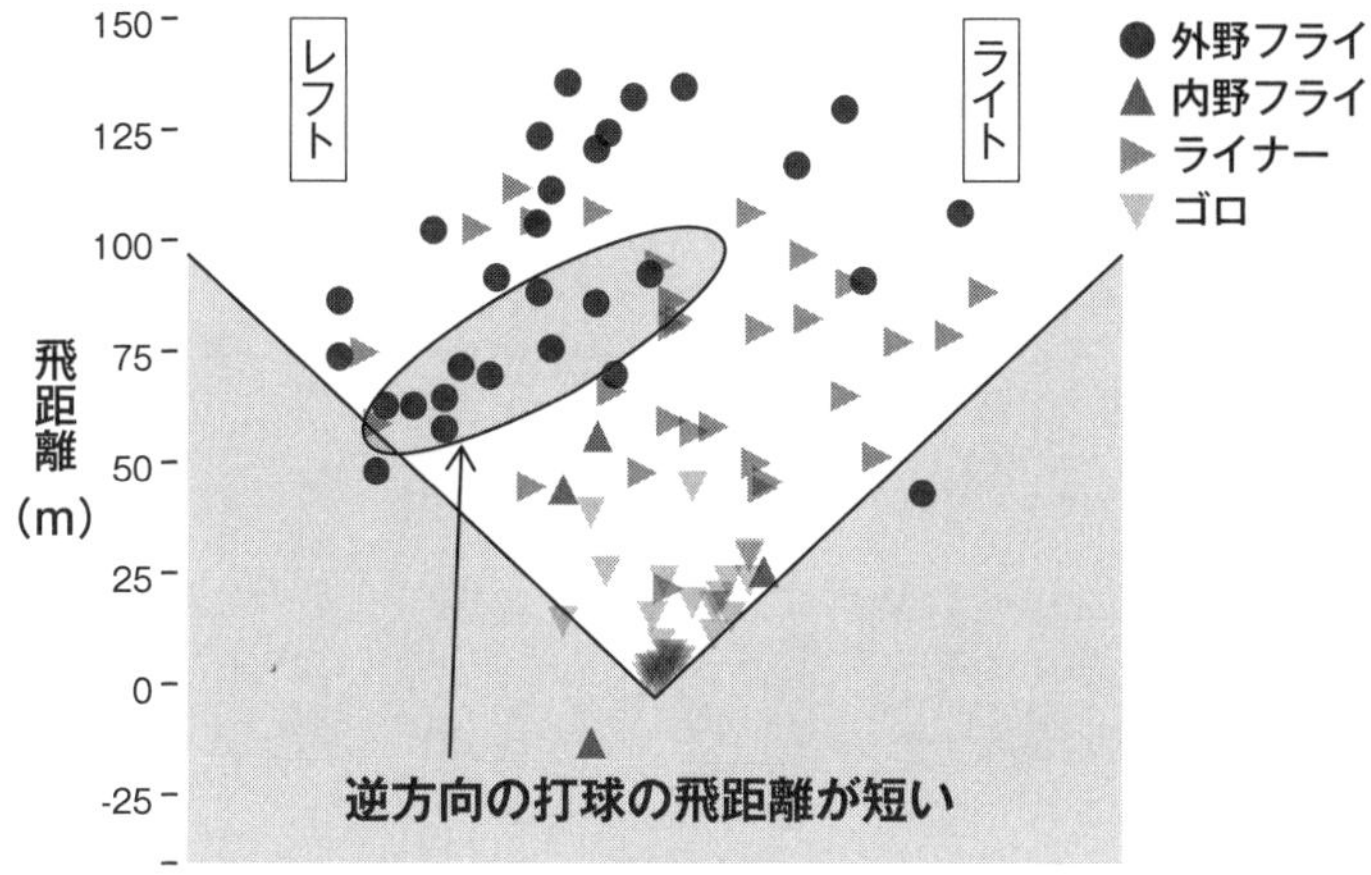

図1-9　8月以前の打球の性質毎の打球飛距離

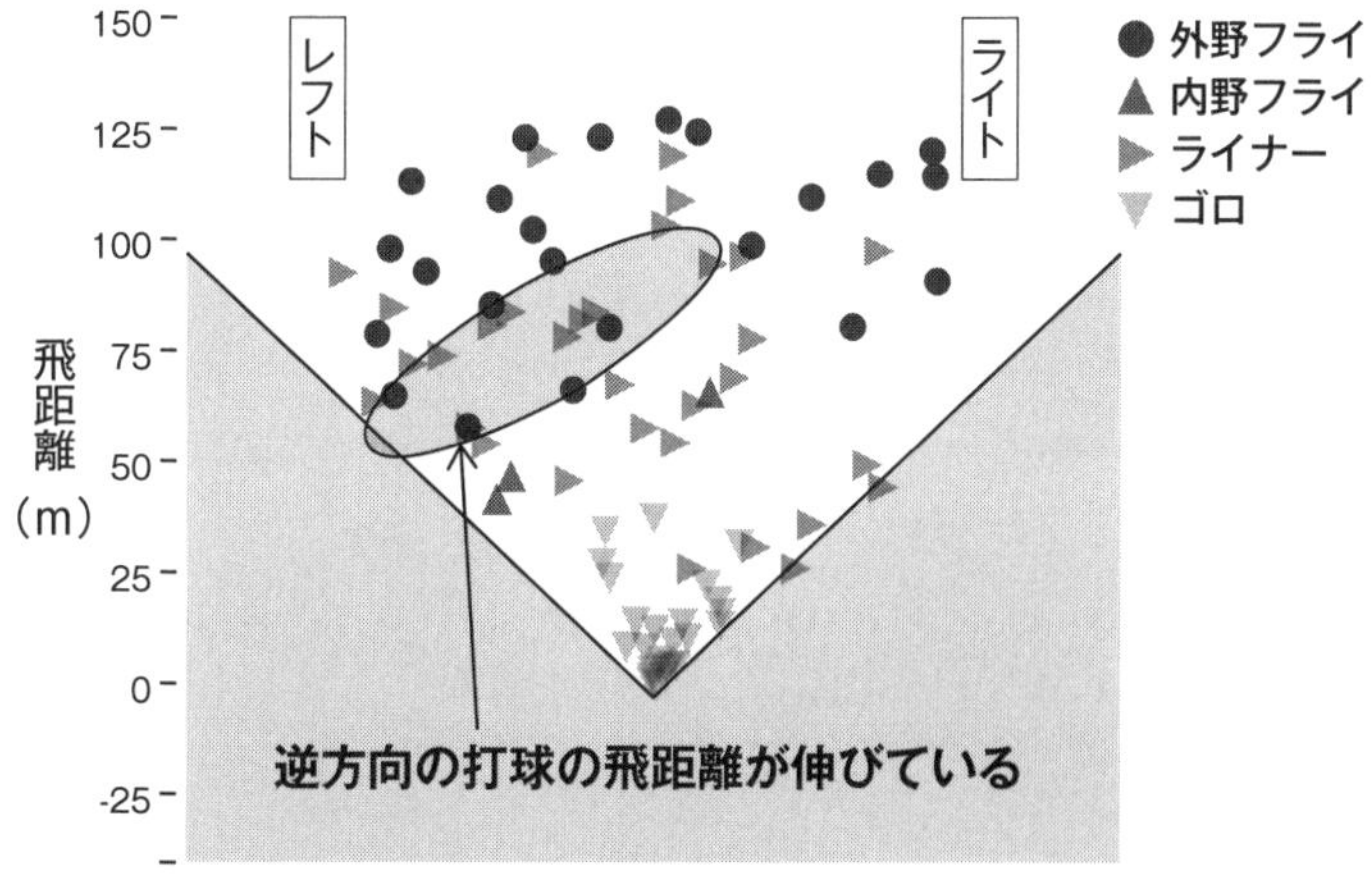

図1-10　8月以降の打球の性質毎の打球飛距離

順位	名前 （チーム）	平均打球速度 （km/h）	最高打球速度 （km/h）
1	A. ジャッジ（ヤンキース）	153	193
2	N. クルーズ（マリナーズ）	151	188
3	J. ギャロ（レンジャーズ）	151	189
4	G. スタントン（ヤンキース）	151	196
5	R. カノ（マリナーズ）	150	183
⋮	⋮	⋮	⋮
11	**大谷翔平（エンゼルス）**	**149**	**183**

表1-5 2018年メジャーリーグ平均打球速度ランキング（所属は2018年当時）

表1－5は2018年メジャーリーグの平均打球速度ランキングだが、大谷はなんと**11位にランクイン**している。

2017年にメジャー新人記録となる52本塁打を記録したアーロン・ジャッジ（ヤンキース）や、2018年まで5年連続30本塁打以上を記録しているネルソン・クルーズ（マリナーズ）といったそうそうたる選手が並ぶ中、この順位に名前があるということだけでも名誉なことといえる。

ベスト10にランクインしている選手は打撃タイトル獲得経験者ばかり。それに次ぐ能力を見せた大谷は、タイトルホルダーにも引けをとらないポテンシャルといっていいだろう。

速球への強さは大きなアドバンテージに

また、球種別の打球特性を見てみると、大谷は**速球への強さが際立っている**（表1－6、1－7）。メジャーリーグ全体の中でも大谷は速球に対する打球速度が速い。近年、メジャーリーグでは球速の高速化が進んでおり、マイナーやアマチュア選手でも150キロを超える速球を武器とする投手は珍しくない。

また、フライボール革命への対策として「高め」の速球を多用する投手も増えてきている。「速球を打てるか」は今後、メジャーで活躍する上で非常に重要な指標となるだろう。その意味で、大谷の「速球に強い」という特徴は打者として大きなアドバンテージになりうる。年齢的にも、技術やスイングスピードの伸びしろがある「打者・大谷」が今後、さらなる驚きを世界中のファンに見せてくれる可能性は高い。

球種	空振り (%)	打球速度 (km/h)	打球角度 (°)
速球	19	**154**	18
2シーム	19	153	4
スライダー	34	143	21
チェンジアップ	42	141	11
カーブ	36	141	13
カットボール	34	147	7
スプリット	75	111	-13

表1-6 2018年大谷の球種別打球特性

球種	空振り (%)	打球速度 (km/h)	打球角度 (°)
速球	18	**144**	17
2シーム	13	143	6
スライダー	34	138	13
チェンジアップ	29	137	9
カーブ	31	139	10
カットボール	23	139	12
スプリット	35	138	6

表1-7 2018年メジャーリーグにおける球種別打球特性

打者・大谷翔平を分析する　今後の可能性と課題

打者・大谷翔平のポテンシャルの高さはこれまで述べた通りだ。

それを示すファクターのひとつが大谷の公称193センチ92キロという「体格」だ。一般的に考えれば十分すぎるほど体格に恵まれているといえる。日本球界でも同様だ。しかし、メジャーリーグの強打者と比較すると実はそこまで大きくない。表1−8に、メジャーリーグの打球速度ランキングトップ10の打者と大谷の体格を示した。

身長は他の強打者と比べても遜色ないが、**体重は圧倒的に軽い**。打球速度トップ10の中で、体重が100キロ未満なのはロビンソン・カノ（メッツ）とトミー・ファム（レイズ）のふたりだけだが、どちらも身長が180センチ台だ。1位のアーロン・ジャッジ（ヤンキース）に至っては身長201センチ、体重128キロと、大谷をはるかに凌ぐ体格を誇っている。

彼ら強打者と比較すると**大谷は「身長の割に体重が軽い選手」**といえる。実際にテレビ

順位	名前 (チーム名)	打球速度 (km/h)	身長 (cm)	体重 (kg)	打球速度 (体重比)
1	A. ジャッジ (ヤンキース)	152.5	201	128	1.19
2	N. クルーズ (ツインズ)	151.2	189	104	1.45
3	J. ギャロ (レンジャーズ)	151.1	196	107	1.41
4	G. スタントン (ヤンキース)	150.9	198	111	1.51
5	R. カノ (メッツ)	149.8	183	95	1.57
6	M. オルソン (アスレチックス)	149.8	196	104	1.44
7	M. チャップマン (アスレチックス)	149.7	183	100	1.50
8	J.D. マルティネス (レッドソックス)	149.6	191	100	1.50
9	M. トランボ (オリオールズ)	149.4	195	102	1.46
10	T. ファム (レイズ)	149.3	186	98	1.53
11	**大谷 翔平 (エンゼルス)**	**149.0**	**193**	**92**	**1.62**

表1-8 2018年メジャーリーグにおける打球速度ランキングと体格の関係

中継で大谷を見ても、チームメイトと比較して圧倒的に細身なのが分かるはずだ。

体格から見ると一見不利とも思われる大谷だが、体重あたりの打球速度を見ると1・62と他の打者よりも速い。つまり、**体重の割に打球速度が速い**のだ。仮に、体格が大きく打球速度が速いジャッジを「パワー型」とするならば、大谷のように体は大きくないが体重あたりの打球速度が速い選手は「技術型」と定義付けできるかもしれない。

今、メジャーリーグの強打者は前者の「パワー型」が増え、いかに本塁打や長打を打つかということにフォーカスしている。長打を打つためには打球速度を速める必要があり、そのためにはスイング速度を速めることが必要だ。では、スイング速度はどのように速めていけば良いのだろうか。

メジャーの強打者にパワー型が多い理由

メジャーリーグの強打者にパワー型が多い理由、それはバットを速くスイングするという力発揮のメカニズムと筋量が関係している。

筋量が多い人ほど大きな力を発揮することができる。打撃において筋量は、限られた時間の中でバットを加速させることに貢献する。スイング速度を速くさせることは高いパフォーマンスを発揮するために必要不可欠なのだ。

バットを速く動かすための最もシンプルな方法。それが、筋量の増加となる。だから現在のメジャーリーグでは打者の多くがウエートトレーニングによって巨大な身体を手に入れ、**スイング速度を速める＝打球速度を速めることがトレンド**となっている。

大谷はトップ打者と比較して体重が軽く、筋量があるとはいえない。しかし、打球速度はトップクラスの数値を記録している。これこそが打者・大谷の大きな特徴であり、今後の「可能性」を探る上での大きなヒントとなる。**純粋な筋量では劣るのに打球速度では引けをとらない**理由はいくつか考えられるが、スイング技術の高さが大きな要因なのは間違いない。少なくともバットを速く動かす「技術」に関しては、メジャートップクラスといえるのではないだろうか。

となると、大谷が今後さらに筋量を増やせば、打球速度をさらに速められるかもしれない。メジャーリーグ1年目で22本塁打を記録したスラッガーには、まだまだ大きな可能性が眠っている。

もちろん、筋量アップがプラスに働くとは限らない。特に大谷のような「二刀流」は、打者としてだけでなく投手としての体のつくり方も考えなければならないからだ。

しかし、大谷がプロ入りした2013年の公称体重は86キロ。そこから6年間で体重は6キロ増量している。単純計算で年間1キロ増ペースとはいえ、少なからず大谷が自身の体をプロ仕様、メジャーリーグ仕様に進化させてきたことが伺える。

外角低めと左腕対策が課題

打者・大谷のポテンシャルの高さと将来の可能性について解説してきたが、今後の「課題」についても考えていきたい。2018年に大谷が打った全ての打球について、その性質別にどのコースを打ったか見てみる〔図1－11〕。

注目したいのは外野フライだ。高めから内角低めにかけたゾーンで多く放っており、ここは大谷が長打や本塁打を量産するスイートスポットといえるだろう。しかし対照的に、**外角低めのボールはゴロ打球が多く、**好調だった8月以降であってもほとんど外野フライ

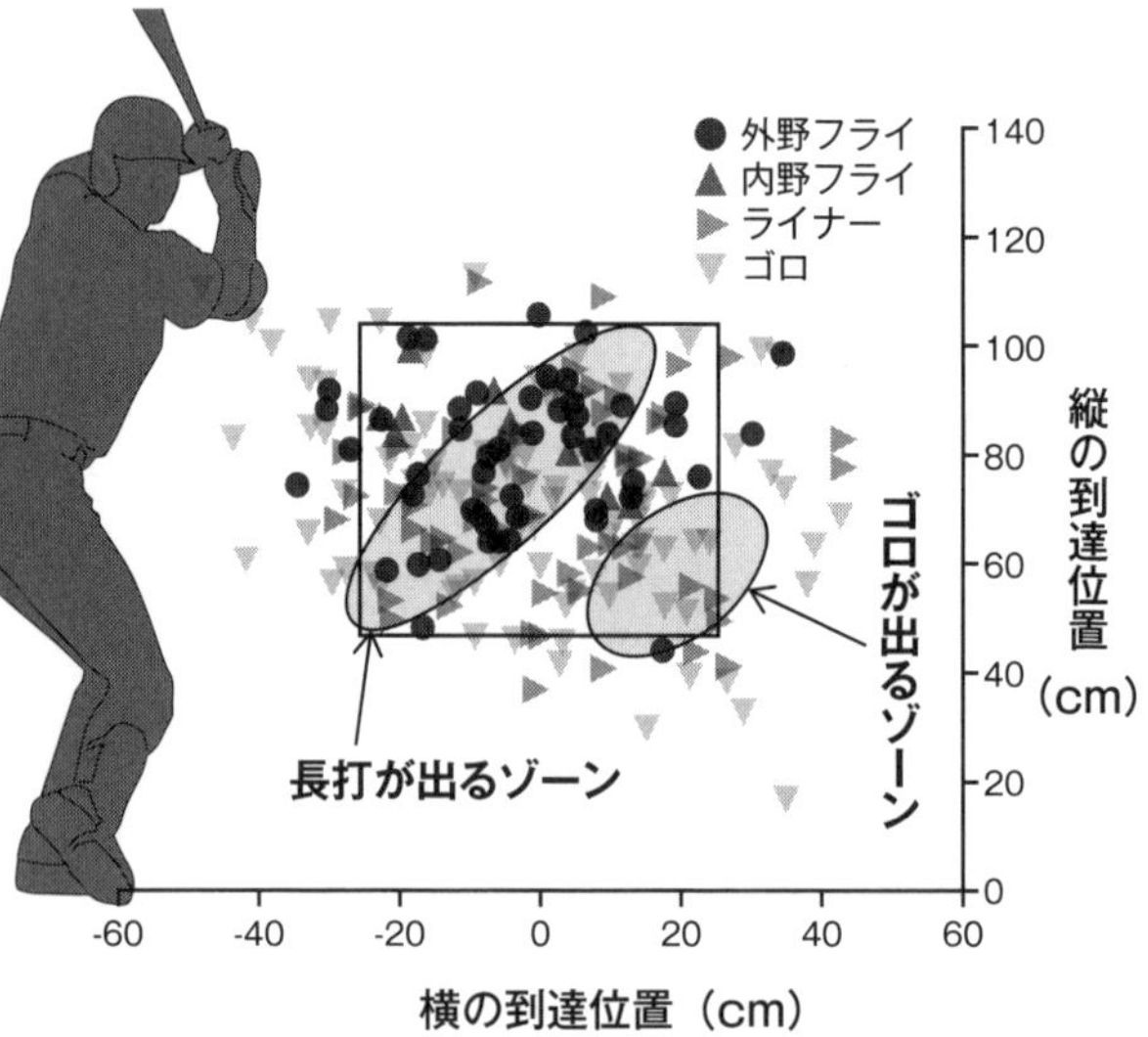

図1-11　投手方向から見たボールの到達位置

を打つことができなかった。

さらに、左投手相手に絞ってみるとフライ打球を打てるゾーンは一気に狭くなる。**低め全体で外野フライはほぼゼロ**。年間通して苦しんだ「左投手」、そして「低めのコース」は現時点でも課題として残っており、今後の成績を占う上でも非常に重要であるといえるだろう〔図1―12〕。

もうひとつのキーワードが「シフト」だ。大谷の場合、ゴロは引っ張り、フライはセンターから左中間と打球方向に大きな傾向が出ている。メジャーリーグではシフトの是非が物議を醸しているが、大谷は傾向が出やすいタイプで、今後も

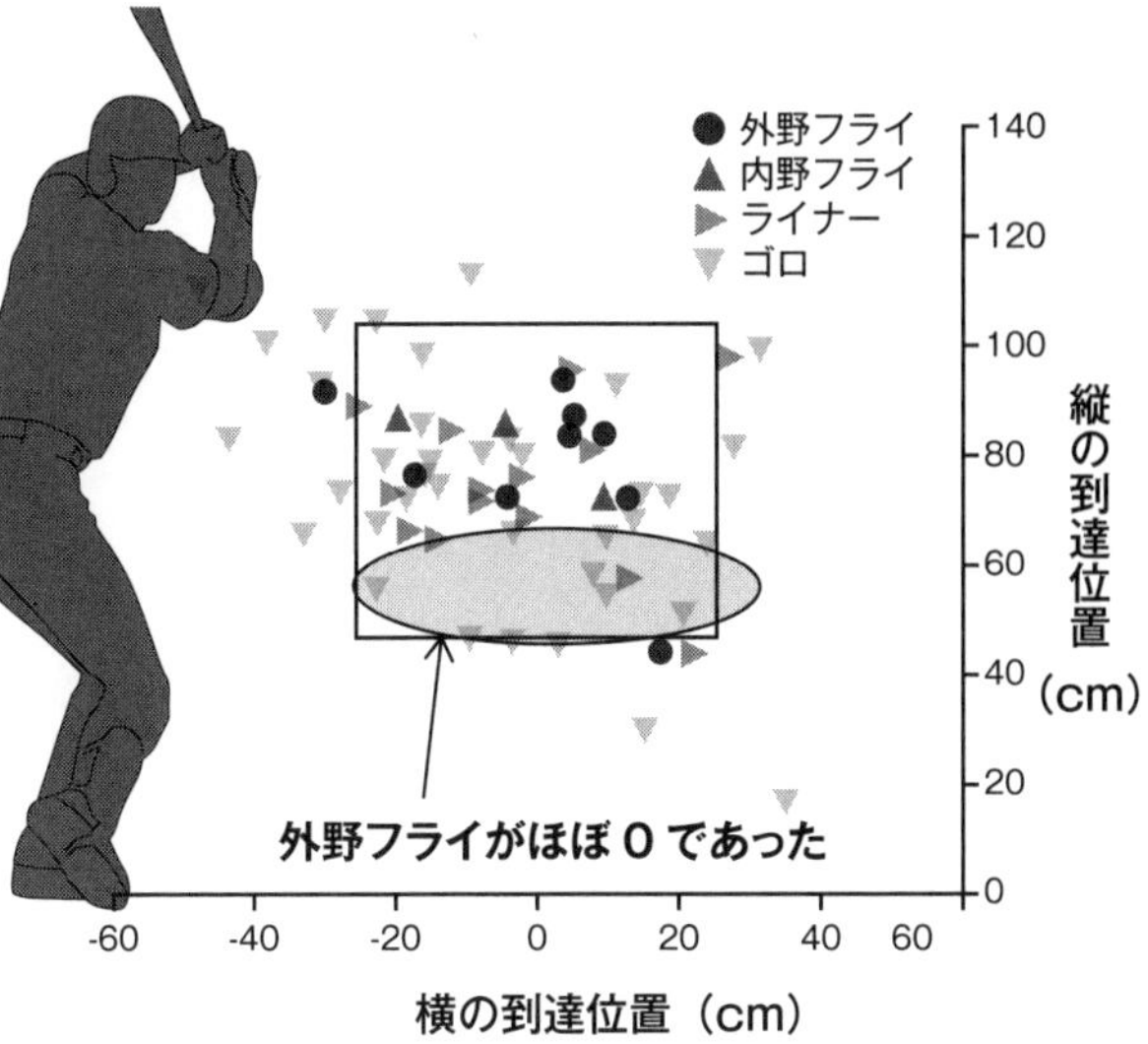

図1-12　投手方向から見たボールの到達位置（左投手のみ）

シフトの網にかかる場面が少なくないかもしれない。

対策としては、スイングを「変えない」ことだろうか。２０１８年は8月以降、もともとの得意ゾーンに来たボールを確実にとらえ、強い打球を打つことで成績を伸ばした。ハイレベルなメジャーリーグの投手たちに対し、全てのコースを完璧に打ち返すことは難しい。全てのコースを打ち返すことよりも、得意ゾーンに来たチャンスボールを確実に打ち返すことがカギとなるだろう。

どんなに優秀な打者にも多かれ少なかれ課題はある。少なくとも現時点での打者・大谷はデータで見る限りメジャーリーグでもトップクラスのポテンシャルを秘めている。

根尾昂&藤原恭大の高校時代のスイングデータを紹介！

２０１８年、甲子園で春夏連覇を達成した大阪桐蔭。その主軸を担い、ドラフトでは複数球団による競合の末プロ入りを果たした、根尾昂（中日）と藤原恭大（ロッテ）。ここでは、そんなふたりの高校時代のスイングデータを分析し、紹介していく。

今回紹介するデータは、インパクト時の「スイング速度」と「スイング角度」だ。ふたつのデータは打球を決定する要因の大きなウエイトを占め、打者の能力を測る上で非常に有用な指標だ。

まず注目したいのがスイング速度だ。**スイング速度が速いほど打球速度が速くなり、長打や本塁打が増えやすくなる**。高校生だと１２０キロ台、プロのトップ選手でも１４０キロ台の選手が多いといわれている。

そのスイング速度で驚きの速度を叩き出したのが藤原だ。なんと**平均１６８キロ**という圧倒的な数値を記録した（表１－９）。

名前	スイング速度 (km/h)	スイング角度 (°)※
藤原恭大	168	−7
根尾昂	143	6

※インパクトした際のバットと地面との角度。大きくなるほどアッパースイング気味となる

表1-9 スイングデータ平均値
（※データは2選手とも、高校3年時点のもの）

同条件ではないため断言はできないが、160キロ以上のスイング速度となると柳田悠岐（ソフトバンク）、筒香嘉智（DeNA）らに肩を並べるともいわれており、強い打球を放つ力はプロの打者と比べてもトップクラスだ。**スイング角度がマイナスで（ダウンスイング気味）とらえた打球がゴロになりやすい**ため、角度が大きくなればプロでも本塁打を量産できる打者になるかもしれない。

一方の、**根尾はスイング角度に特徴を持つ**。投手が投げたボールは速球の場合、入射角度約5度前後で打者に向かう（落下してくる）とされている。つまり、それよりも小さい（ダウンスイング気味の）角度で打ってしまうとほとんどがゴロになる確率が高まる。そのため長打を放つためのスイング角度は8度〜19度が理想とされている。

根尾の場合、**ライナーやフライを狙えるようなスイング角度に近く**、すでにプロ平均並みのスイング速度も有している。

このまま速度も角度もスケールアップしていけば、プロでも長打を量産できる打者になるだろう。

藤原・根尾両選手の飛躍のカギとは！

ここまで藤原・根尾両選手のスイングデータを分析してきたが、ふたりとも高校生時点では群を抜いているといってもいい能力だった。最後に両選手のプロ入り後の飛躍のポイントを考察していきたい。

【藤原恭大の特徴と飛躍のポイント】

スイング速度はプロ選手に混ざっても上位かもしれない。ただし、まだスイング角度が小さく（ダウンスイング気味）、とらえた打球がゴロになってしまう場面も多いだろう。高い脚力も兼ね備えた走攻守揃った選手であるものの、逆方向へゴロを狙うようなスイングで小さくまとまらないでほしい。長打を狙うような角度の大きなスイングができれば、柳田のような球界を代表する選手になれるだろう。

【根尾昂の特徴と飛躍のポイント】

プロ平均並みのスイング速度を有しつつ、長打を狙えるようなスイング角度を両立させている。このまま速度、角度ともにスケールアップを目指すと同時にプロでも「二遊間にトライ」してほしい。二遊間は守備型のポジションである以上、打力の低い選手が多い。二遊間を守りつつ打力を高めることができれば、山田哲人（ヤクルト）、坂本勇人（巨人）のように、ひとりでチームの強みとなる選手になれるだろう。

彼らが今後プロの投手に対してどんな打撃をし、どんな成長を見せるかを楽しみにしたい。

定説・打撃論を検証
ボールを〝押し込む〟とは何か？

打者が打撃する際、ボールとバットの衝突には力学の原理に則った現象が生じる。力学的に見ると、打球の質（速度・回転・角度）は主に次の４つの要因によって決定するとされている。

①投球されたボールの速度・回転
②バットの重さ・材質
③インパクト直前のバットのスイング速度・軌道
④バットに対するボールのインパクト位置

実際には、このうち③と④が大きなウエイトを占めているということが打撃実験やシミュレーション分析から明らかにされている。しかし、指導現場では「インパクトの瞬間に力を入れろ！」や「ボールを押し込め！」という言葉を今でもよく耳にする。なぜなら、それによって強い打球（速度が大きい打球）を打つことができると考えられてい

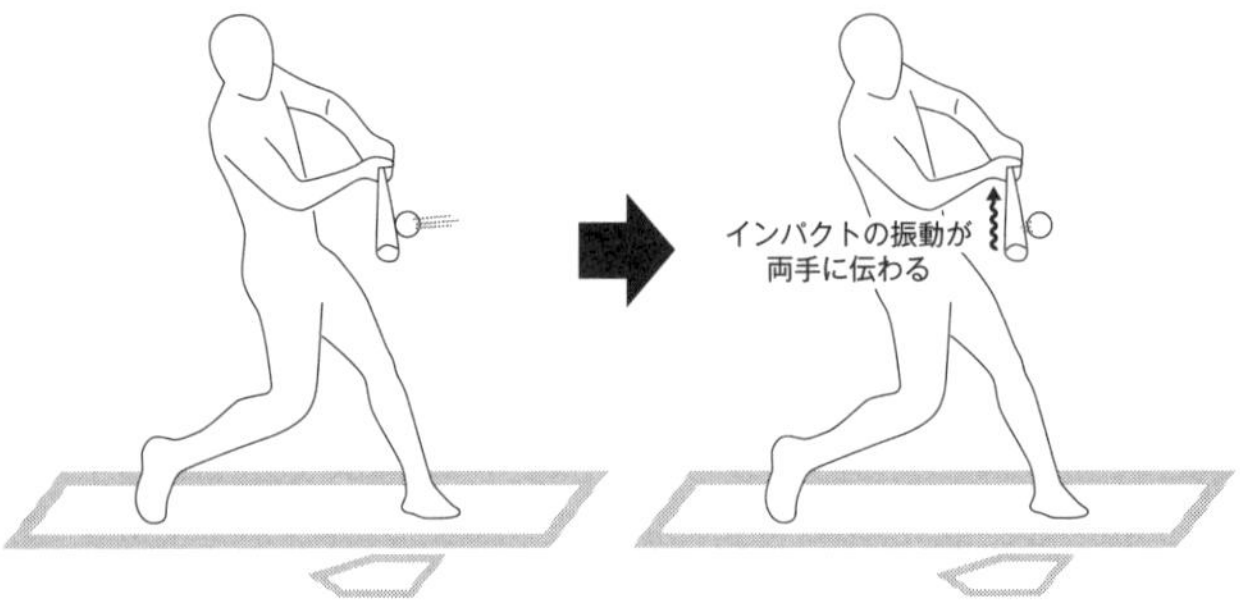

図1-13 インパクトの振動が両手に伝わるとき、すでにボールはバットから離れようとしている

るからだ。そこで、本項ではバットを強くグリップすることとやボールを押し込むことの影響と、その意味について考えていく。

ボールを押し込むことは不可能？

物理学者のNathan（2000年）の研究によると、ボールインパクトによって生じたバットの振動がグリップ部分に伝わるのは、バットがボールに加えた力（※力積：力と時間を掛け合わせた物理量。他の物体にどれだけ勢いを与えられるかを表す）の99%が伝達した後（およそ0.0006秒後）になる。これは**「バットにボールが当たった！」と打者が認識した瞬間には、バットに接触したボールはすでにバットから離れよう**

としていることを示している〔図1−13〕。

つまり、捕手側の肘を伸ばすような動作等でバットを介してボールに力を加えるということは、実質的に不可能ということになる。

なぜ感覚がずれるのか？

ではなぜ打球速度に影響しないにも関わらずインパクトにおいてグリップを強くすることやボールを押し込めという感覚になってしまうのだろうか？

その理由のひとつとして、強い打球が打てたときはバットの芯でボールをとらえているため、両手に加わるバットの振動が小さくなり、インパクト後のフォロースルーがスムーズになることが挙げられる。このとき、振り抜いた後の両手に残る感覚の良さが「ボールを押し込めた」という感覚に変換されている可能性がある。

つまり、「押し込めた」から打球が強くなったのではなく、強い打球を放ったときに「**押し込めた」ような感覚になっている**に過ぎない。「押し込む」ように打ったとしても打球速度が大きくなるわけではない、ということに注意する必要がある。

野球の技術には選手やコーチの感覚と客観的な事実がずれているものが他にもたくさんある。

動きを習得していくためには、感覚を研ぎ澄ましていくことが重要になるだろう。しかし、感覚は、体力レベル、年齢、環境によって個人差があり比較することが難しい。また、日々変化するものでもある。

選手が感覚だけに頼ってしまうと、壁にぶつかったとき、それを解決する手段は過去の自分の感覚しかない。そのため、新しい技術を習得したり、スランプから脱出したりすることが難しくなるかもしれない。客観的な事実を理解し、様々なアプローチを考えることができれば、パフォーマンス向上への近道になるのではないだろうか。

定説・打撃論を検証
〝ヘッドを立てる〟ってどういうこと？

打撃において、多くの選手がバットの「ヘッドを立てる」ことを意識して練習した経験があるのではないだろうか。これは、ヘッドが立っているスイングの方が、ヘッドが立っていないスイングよりも強い打球や適正な角度の打球が打てると考えられているからだろう。

この言語をそのまま実践すると、ヘッドがグリップよりも高い位置のままスイングし、インパクトを迎えることになる。しかしながら、インパクトの瞬間におけるバットの角度を観察してみると、よほど高いボールを打たない限り、ヘッドとグリップはそのような位置関係にはならない。基本的にヘッドはグリップよりも下側に位置しているのだ。

実際にはヘッドは立っていないため、「ヘッドを立てる」という言葉の意味は「**ヘッドを立てるような感覚**」でスイングするということであろう。つまり、ヘッドが下がり過ぎないようにスイングの軌道を修正するための指導言語であると考えられる。

では、インパクトにおいてヘッドが下がり過ぎないと、どのような利点があるのだろうか。

ヘッドを下げると打球にどう影響する？

まず、インパクトにおける**バットの角度は打球速度には影響を与えない**。打球の質（速度、回転、角度）は、インパクト直前のバットのスイング速度・軌道とバットに対するボールのインパクト位置によって、ほとんどが決まってしまうからである。

そこで、ここでは単純にインパクトのときのバットの上下方向の角度が打球にどのような影響を与えるのか考えてみたい。

【バットが地面と水平であった場合】

打撃面がセンター方向を向き、かつ地面と水平になったバットに投球されたボールが正面衝突する場合（※バットとボールは互いに水平移動していると仮定）、打球はライナー性となりセンター方向に向かって飛んでいく。そして、バットの上側や下側にボールが当たると、打球はフライやゴロになる〔図1－14〕。

では、ヘッドが下がった場合、打球はどのように飛ぶだろうか。

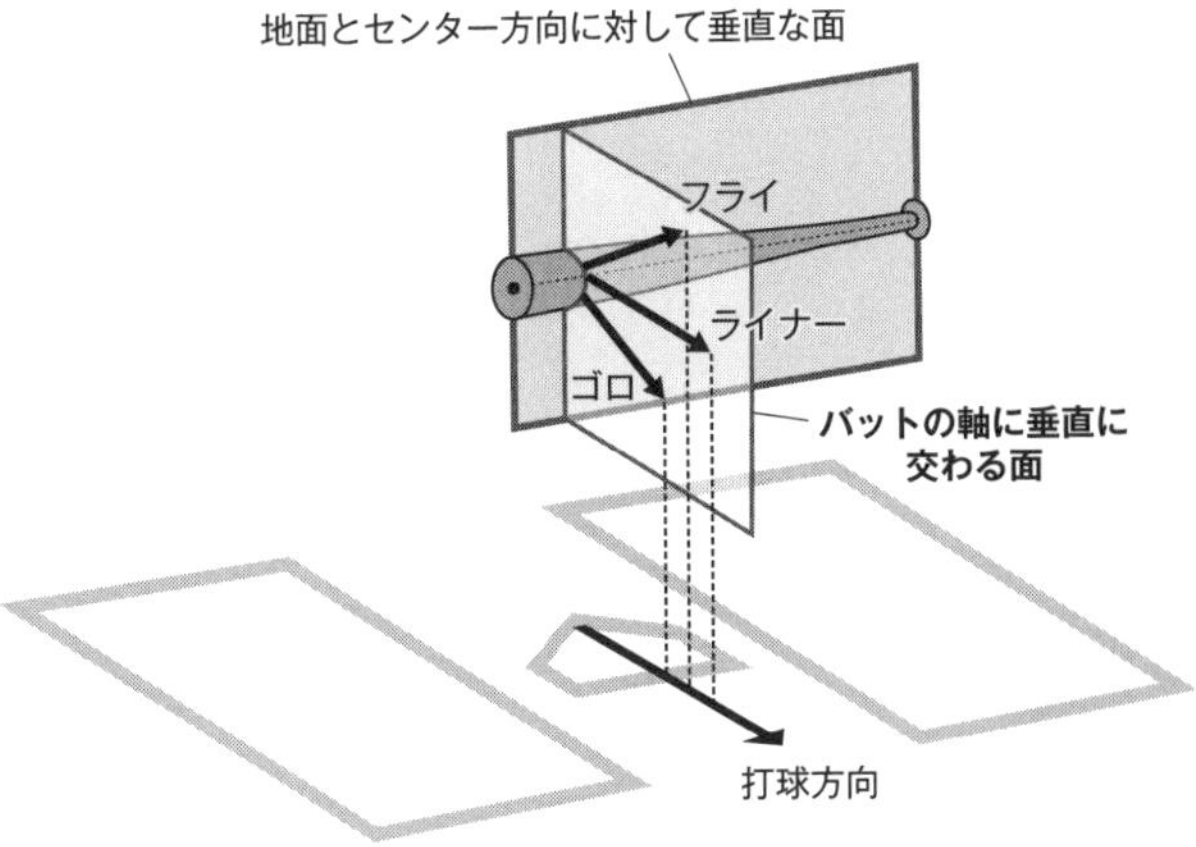

図1-14 バットが地面と平行かつ打撃面がセンター方向を向いている場合。バットのどこにボールが当たっても打球はセンター方向に飛ぶ

【ヘッドが下がっている場合】

右打者の打球を考えてみる。先ほどと同様にボールとバットが正面衝突すれば、打球はセンター方向に飛ぶ。しかし、バットの上側にボールが当たった場合、打球はフライ性になるだけではなく、**ライト方向に飛ぶ**ことになる。反対にバットの下側にボールが当たると、打球はゴロになり、かつ**レフト方向に飛ぶ**ことになる〔図1−15〕。図中の打球方向で示している通り、**バットとボールの衝突位置は打球の左右方向にも影響を与える**のだ。

バットの打撃面が打球方向を向いていないにも関わらず打球が左右方向に飛ぶのは、バットの打撃面が円柱になっているた

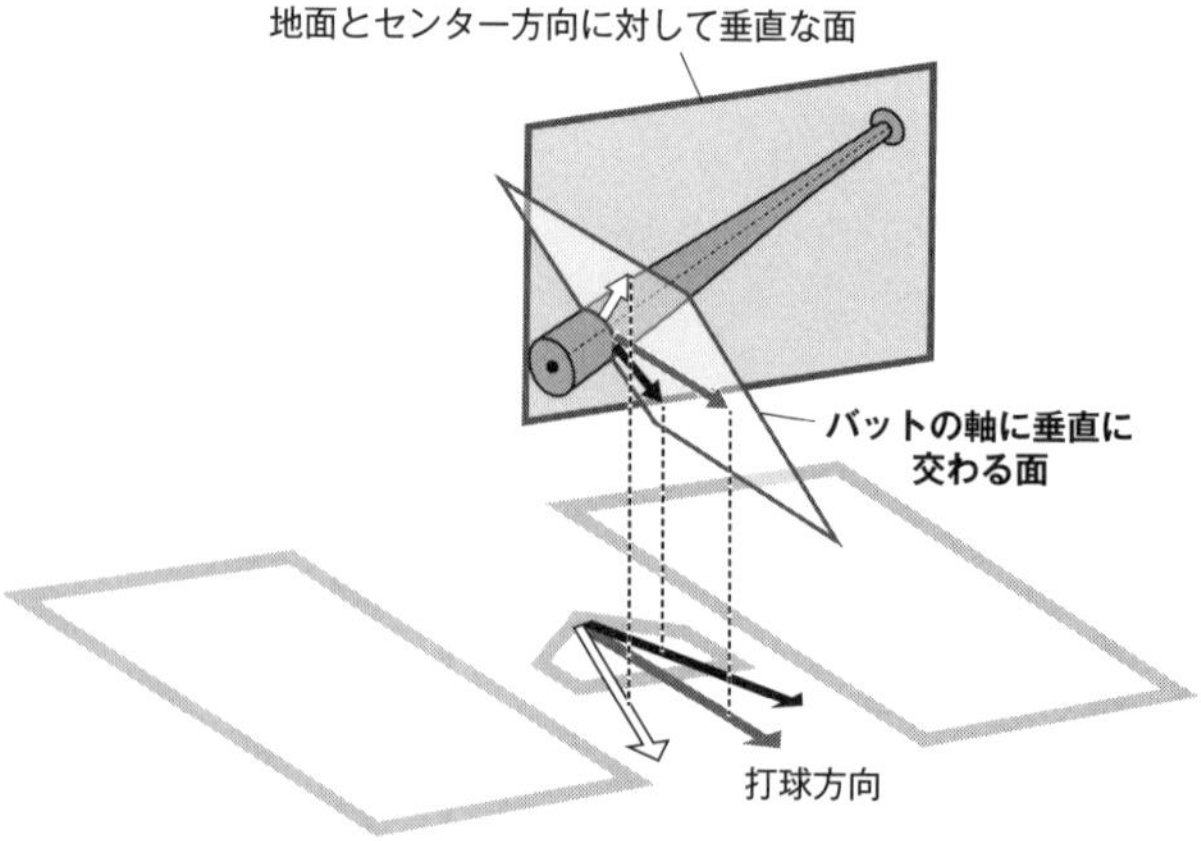

図1-15 図1-14の状態からヘッドが下がった場合。ボールの衝突位置の違いによって打球が左右方向に飛ぶ

めだ。よって、ボールがバットの上側に当たった場合、ヘッドが下がっているほど左右方向への角度がつきやすくなり、打球は上がりづらくなる。同様の場合でヘッドを下げずにインパクトすると、打球は逆に上がりやすくなる。

ここでは衝突現象をかなり限定したモデルとして説明してきたが、実際の野球選手の打撃動作を分析した研究においても同様のことが確認されている（城所・矢内，2015）。**バットの打撃面がセンターやレフト方向を向いていても、ライト方向に打球を飛ばせる**ことが分かっている（「逆方向に引っ張る」ことは感覚的ではなく、実際に可能)。

これらの知見から、**インパクトにおけるバットの角度は、打球の角度に影響を与える**ことが分かった。「ヘッドを立てるような感覚」でスイングすることは、ゴロをライナーにしたり、ライナーをフライにするなど、打球の角度を上げることに役立っているのかもしれない。

指導言語を洗練させる

「ボールを押し込む」、「ヘッドを立てる」というような指導言語は主観的であり、多様な解釈が可能である。本項では「ヘッドを立てる」を扱ったが、インパクトで実際にヘッドを立てることが重要なのではなく、ヘッドを立てようと意識することで、別の効果をもたらす場合もある。「ボールを押し込む」も同様であろう。

技術の感覚的な解釈は、単純化されていて分かりやすい一方で、実際とのズレも生じる。しかし、研究活動を通して明らかになったことは、複雑で分かりにくい。だから、分かりやすく咀嚼する必要がある。指導言語の科学的解釈が進み、より洗練されて誤りの少ないものになれば、多くの選手の技術力向上にも繋がるはずだ。

定説・打撃論を検証

〝バットを短く持つ〟は正義か

速球派の投手と対戦する場合や2ストライクと追い込まれた場合において、打者は「バットを短く持つ」という対策をとることがある。これは、短く持つことによりスイング軌道がコンパクトになることや、バットをコントロールしやすくなることが期待できるためである。

しかしながら、これらの効果は本当に表れているのだろうか？　ここでは、バットを握る位置の違いによって、打撃の正確性やスイングの時間がどのように変化するのかについて解説する。以降、バットを短く持つことを「Short grip」、長く持つことを「Long grip」として話を進めていく。

Short grip の方がスイング速度も大きくなる?

Short grip は Long grip よりもバットが軽く感じられる。 Short grip は短いバットを用いる場合と同様に、バットを持つ位置から見た「慣性モーメント（※物体の回転のしやすさ（または、しにくさ）を表す物理量。同じ質量のバットでも回転中心に近い位置に重心があれば慣性モーメントは小さくなり、反対に回転中心から遠い位置に重心があれば慣性モーメントは大きくなる）」が小さくなることが影響している。

慣性モーメントは物体の回転のしにくさを表しており、これが大きいほど回転させにくいことを意味する。

Short grip は、バットの重さ自体は変わらないが慣性モーメントを小さくすることに繋がる。そのため、バットを握る位置を変えて同じ力でバットを回転させた場合、バットの回転速度（角速度）は短く持ったときほど大きくなり、スイング時間も短縮されることになる。したがって、**Short grip の方がスイング速度も速くなる**と考えられる。だが、**Long grip の方が Short grip よりもスイング速度が速くなる可能性もある。**

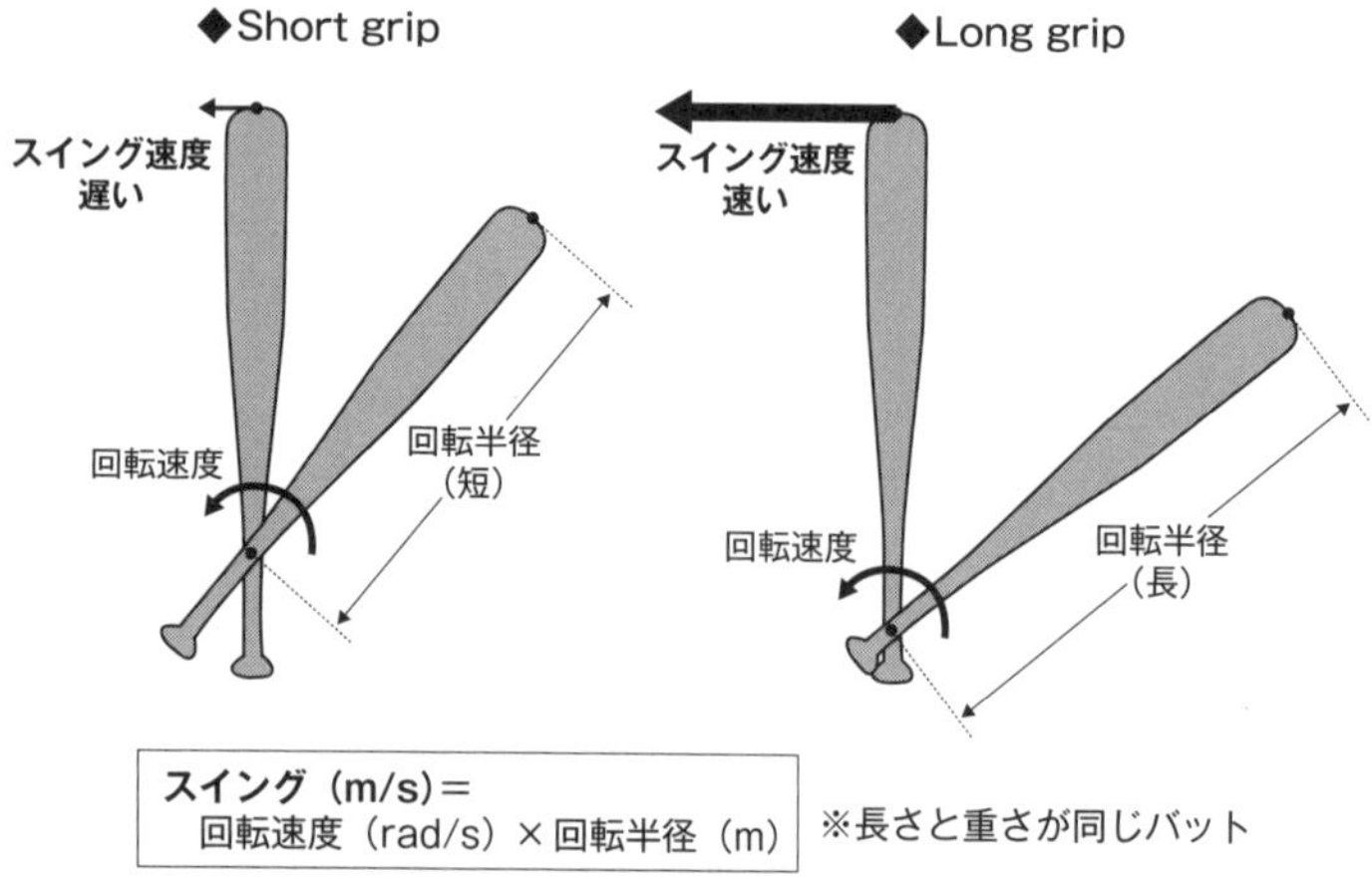

図1-16 バットのスイング速度（ヘッド速度）は、回転速度と回転半径の積によって決定する。グリップ位置を変えて同じバットを同じ回転速度でスイングした場合、バットを長く持った方がスイング速度が大きくなる

スイング速度が決まる要因

なぜ、Long grip の方が Short grip よりも回転速度が小さくなるにも関わらずスイング速度が大きくなるのか？　これは、スイング速度が回転速度（角速度）と回転中心からバット先端までの長さ（回転半径）によって決まるためである〔図1－16〕。

つまり、Long grip は Short grip よりも回転半径が長いため、Short grip よりもスイング速度が大きくなることもあり得るということだ。ただし、慣性モーメントが異なる同じ長さのバットを同じ位置で握ってスイングした場合は、**慣性モーメントが小さいバットほど回転速度が増加し、スイング速度は速くなる**。ノックバットが小さな力でも打球を遠くに飛ばせるのは、バットの重さ自体は軽いが、慣性モーメントが極力小さくなるように設計されているため、回転速度を高めやすく、それによってスイング速度が増大するからである。

短く持ってもコンパクトなスイングはできない？

このようにバットを持つ位置を変えることは、理論上、スイング速度、回転速度、時間に影響を及ぼす。実際にShort gripとLong gripで打撃動作を比較した研究では、Short gripはLong gripよりも回転速度は増加するが、**スイング速度は低下する**ことが報告されている（川端・伊藤，２０１２）。この結果は、Short gripによってバットの回転速度が増加した影響が、回転半径が短くなったことの影響に相殺され、結果的にスイング速度が増加しなかったということを表している。また、この研究では持つ位置を変えてもスイング時間は変わらなかったということも示している。

では、ボールを正確にとらえる能力は向上するのだろうか？　実際に投球されたボールを打撃した実験では、正確性（ボールを強く打撃できたかどうか）はどちらの持つ位置も同程度であることが示されている（DeRenne, et al.，２０１０）。また、インパクトのタイミング誤差を比較した実験では、誤差の大きさとそのばらつきに差はないが、Short grip の方がやや振り遅れる傾向があることも示されている（太田＆中本２０１５）。ただし、ここで紹介した研究結果は投じられたボールの速度やコースがほぼ一定に保たれた環境で計測されたものである。実際の試合では、球速や軌道の異なるボールを様々なコースに投じられるため、試合環境で表れる効果とは違うのではないか、という見方もできる。

バットを短く持つことの効果とは

今回、多くの研究によってバットを短く持つことの効果が検証されてきた内容を紹介したが、その効果は期待していたものと大きなズレがあるといえる。Short grip にしたことで体幹の捻りが Long grip よりも小さくなったなど、打撃動作そのものに違いが見られることを示した研究（Escamilla, et al.，２００９）もある。これは、Short grip では、よりコンパクトにバットをスイングしようと意識するあまり、Long grip ではできていた本来の動作とは異なる動作を行っていたためであると考えられる。理論上、**Short grip は Long grip よりもバットの回転速度を高めやすい**、すなわちバットヘッドを操作しやすいという点において優れている。そのため、Short grip においても Long grip と同様の意識（打撃動作）でスイングすることができれば、振り遅れや空振りを回避し、バットの芯でとらえる能力を向上させることができるかもしれない。

打球速度を速めるには、スイング速度を増加させることとバットコントロールの正確性を高めることの両方が重要になる。バットのグリップ位置、重さ、長さなどの違いはこのふたつの能力に影響を与える。選手にはこれらの影響をよく理解した上で練習に励んでもらいたい。

定説・打撃論を検証

〝ボールを最後まで見る〟は不可能!?

打席において目を閉じたままボールを打つことはできない。そのため、「ボールを見る」ことは打者にとって必要不可欠な行為といえる。打撃指導で、「ボールをよく見ろ」、「ボールから目を離すな」という言葉をよく耳にするように、打撃パフォーマンスを高めるには視覚情報を活用することが重要視されている。

しかし、あるプロ野球選手が本塁打を打った際のインタビューにおいて「目をつぶって打ったら本塁打になった」と話していたことがあった。この話を聞くと、**視覚情報は大して重要ではない**ようにも感じられる。実際に打者はどのようにボールを見ているのだろうか？

ここでは打者の眼球運動について解説し、打撃動作の知覚・認知スキルについて考えてみたい。

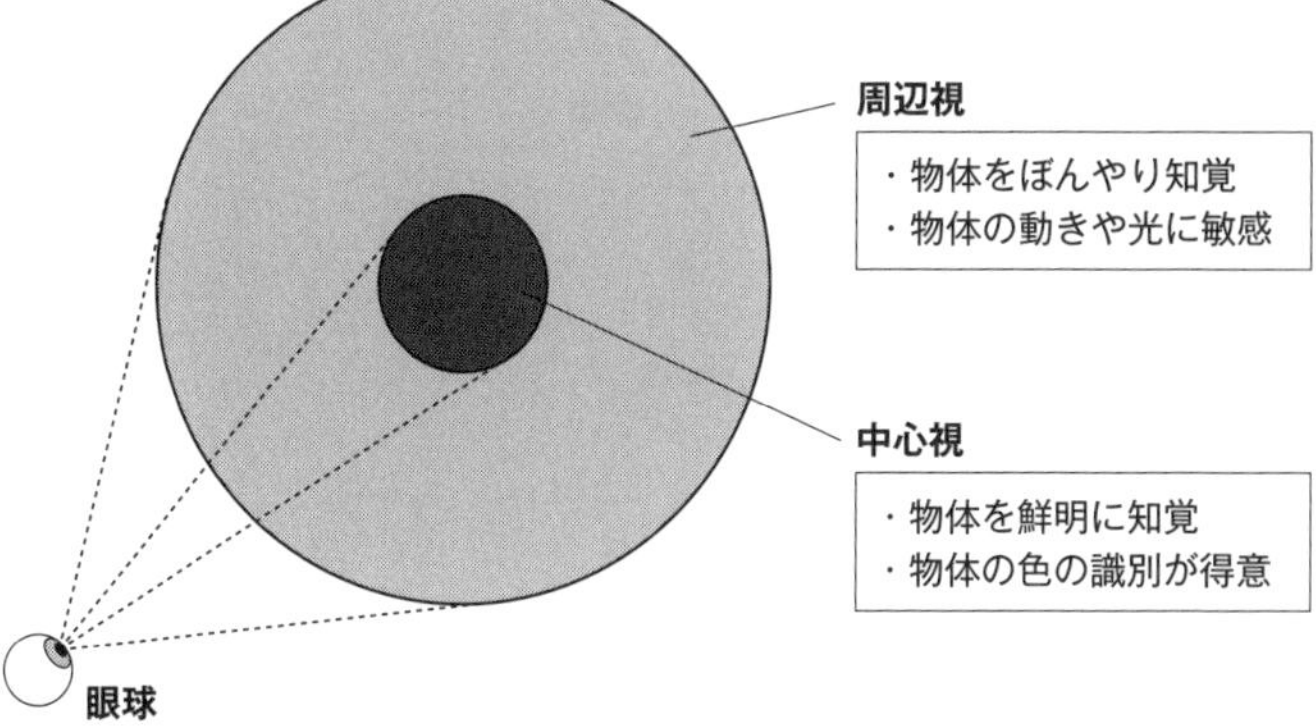

図1-17 人の視野範囲のイメージ。中心から外れるほど物体の形や色が識別しにくくなる

打者はどのようにボールを見るのか

人が物体を認知する際、**中心視と周辺視のふたつの機能を使い分けている**と考えられている〔図1－17〕。

中心視は眼球の中心（以下中心窩《ちゅうしんか》）で物体を見る機能である。対象とする物体を中心窩でとらえるほど、その物体を鮮明に（高い解像度で）認知することができて、逆に中心から外れるほど物体の形や色が識別しにくくなる。

一方、周辺視は中心窩から外れた視覚のことで、中心視に比べて物体を鮮明に認知することができなくなる反面、物体の動きや明暗に対する感度が高くなるといわれている。

※投手板から1.44m 離れた位置から140km/h のボールが投じられた場合

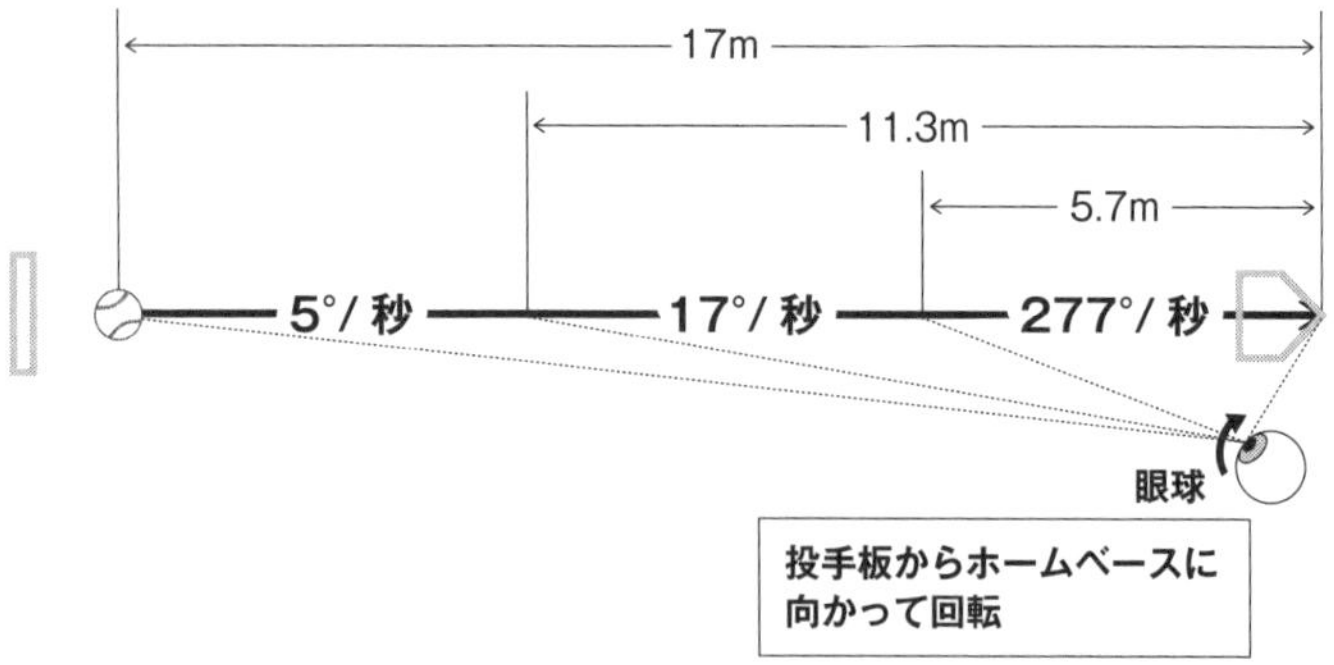

図1-18 ボールを追跡するために必要な眼球運動の角速度(ボール軌道の3分の1ごとの平均値)。 ボールがホームベースに近づくほど眼球を動かす角度が大きくなるため、より速い眼球運動が必要となる

人は、これらの機能を状況に応じて切り替えながら情報を収集しているが、高速で移動するボールを見るためには、ボールの動きと同様の速度で眼球や頭部を動かす必要がある。打者はこのとき、ボール軌道をどのように見ているのだろうか?

打者の頭部と眼球の運動について調査した研究では、打者はボールリリースから頭部を固定し眼球を動かしてボールを追跡するが、**ホームベースの2・4〜4・6メートル手前で眼球運動が停止する**ことが報告されている(Hubbard & Seng, 1954)。この結果は、ボール軌道全体の約20%、すなわち打者は**イン**

パクト直前からボールが見えていないということを示している。

これには、眼球を動かすことのできる身体的な限界が関係している。対象物を中心窩で滑らかに追跡できる眼球運動（滑動性追従による眼球運動）の回転速度（角速度）は最大でも100度／秒程度である。

しかしながら、打撃においてボールを追跡するために必要な角速度は、ボールがホームベースに近づくほど大きくなり、打者の手元では500度／秒以上に達する（Watts & Bahill, 1990）。そのため、**打者はインパクトの瞬間にボールを見たくても見られない**〔図1－18〕。

とはいえ、プロ選手と学生選手の眼球運動を比較すると、両グループとも最終的にボールを見失っているもののプ**ロ選手の方がより手元までボールを追跡できている**ことが明らかにされている。

しかし、クリケット打者においてはコンタクトレンズで視界をぼやかしても打撃パフォーマンスに影響を及ぼさないという結果（Mann, et al., 2007）も報告されて

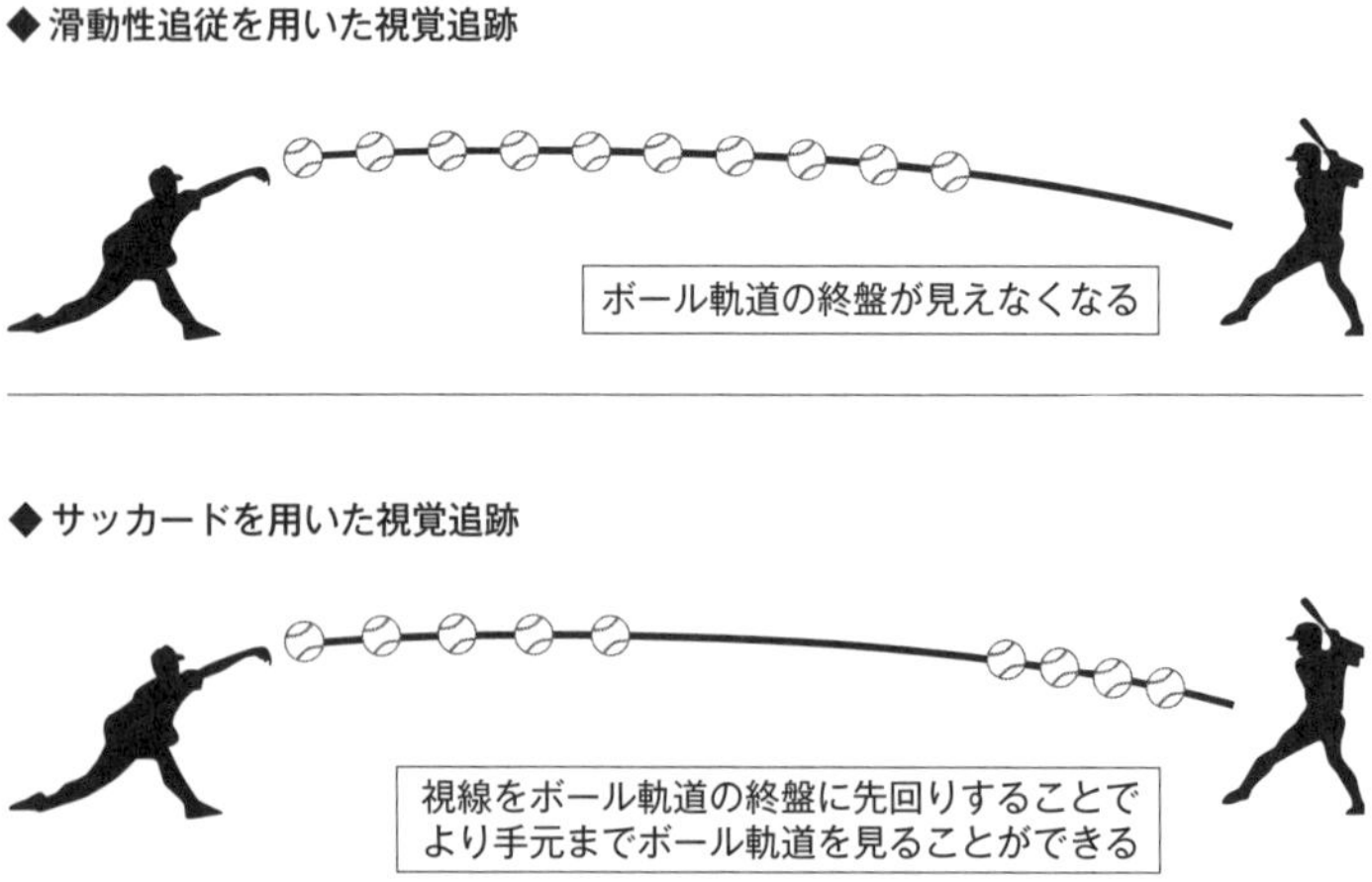
◆滑動性追従を用いた視覚追跡
ボール軌道の終盤が見えなくなる
◆サッカードを用いた視覚追跡
視線をボール軌道の終盤に先回りすることで
より手元までボール軌道を見ることができる

図1-19 打者が利用するボールの視覚追跡方法（中本,2011）

おり、実際のところボールを追跡できる距離はさほど関係がないように見受けられる。

〝見る〟のではなく〝予測する〟

ここまで説明したように滑動性追従による眼球運動を用いてボールを手元まで追跡し続けることは身体的な限界として不可能であるが、別の方法を用いることでボールをより手元で見ることが可能になる。

それは、「サッカード」と呼ばれる眼球運動であり、ボールのコースを予測して視線を先回りさせる（一旦ボールから眼を離す）という方法である。

具体的には、初速140キロで投じられるボール（リリースからホームベースに到達するまでの時間が約0・45秒）を例にすると、ボール軌道の初期（リリースから0・15秒後まで）は滑動性追従によりボールを中心窩でとらえ、中盤（0・15〜0・3秒後）では終盤（0・3〜0・45秒後）にボールが到達すると予測される位置に視線を移動・待機させておき、終盤において再び中心窩でとらえるという方法である〔図1－19〕。

サッカードが行われている間は視覚情報が抑止されてしまうが、通常の眼球運動よりも高速に眼球を移動させることができる。これにより、滑動性追従のみを用いる追跡方法よりもボールを手元まで見ることが可能になるが、中心窩でボールを追跡することはできないため**周辺視によってボールを知覚している**ことになるだろう。

周辺視は物体の動きに対して高い感度を持っているため、滑動性追従にサッカードを組み合わせることによってタイミングの正確性を高められる可能性がある。

打者がこの方略をどの状況において使い分けているかはまだ明らかにされていないが、ボール軌道の予測が難しい状況（見慣れない変化球）では、サッカードを用いることが有効ではないかと推察されている（中本，2011）。

VR技術を用いた打撃練習で予測する能力UP!?

実際、手元までボールが見えていなくてもボールを打つことができているのは、ボール軌道の初期の部分を見るだけで到達する位置やタイミングを予測できているからである。

視線を遮蔽できるサングラスを用いた研究によると、投球されてから0・15秒後とホームベースに到達する0・15秒前の2条件で視線を遮蔽した打撃では、バットの芯に対するボールの衝突位置は通常の打撃と変わらなかったことが報告されている(Higuchi, et al., 2016)。

つまり、ボール軌道の初期の部分が見えていれば、残りの軌道は**打者の脳内で補間され、到達位置を予測できる**ということだ。

ただし、タイミング一致課題(ある地点から移動するターゲットがゴールに到達するタイミングを一致させる課題)において、熟練者と初心者を比較した実験(中本, 2011)では、**初心者は熟練者よりもタイミング誤差が大きい**ことが示されている。

また、移動中のターゲットを途中で遮蔽した場合にターゲットがどこまで見えていたかを申告する課題では、熟練者の方がその距離が長かったという。このことから、過去に多くのボール軌道を見てきた経験が本来見えないはずの錯覚を生み出し、正確な予測を可能にしていると考えられる。

知覚・認知トレーニングも不可欠

ボールを正確にインパクトするためには、眼球運動の角速度に限界があることから、ボール軌道を予測する能力（予測スキル）を向上させることが必要になる。

近年、打者の知覚・認知スキルに関する研究が進んできており、様々な知覚トレーニングの効果なども検証され始めている。ＶＲ技術を用いた打撃もそのひとつである。今では対戦したことのない投手のボール軌道を試合前に確認しておくこともできる。実際に打たなくても、このボールならこの辺りに到達するとか、このフォームならこの球種が来るといった予測に役立つ。

打撃パフォーマンスを向上させるにあたってフォームの改善に取り組む選手も多いように見える。仮に本人にとって完璧なフォームでスイングできたとしても、ボールに当たらなければ意味がない。今後の練習・トレーニングにおいて知覚・認知的な部分に負荷がかかるもの、例えばピッチングマシンを使って普段よりも球速が速く回転数の多いボールを見ることや、投手との距離を縮めた打撃などを実施することで、打撃パフォーマンスの向上が期待できるかもしれない。

定説・打撃論を検証

スピンをかけた打球は本当に〝伸びる〟のか!?

打球を遠くに飛ばすには、スイング速度を速めるだけでなく、バットをボールの下に潜り込ませ、打球に強いバックスピンをかけることも重要だといわれる。プロ野球選手の中には、敢えて打球速度の大きなライナー性の打球を打たず、ボールの下側を狙ってポップフライを打つ練習をする選手さえいる。

指導の現場では、ボールの下側を狙って打てるようになれば、スイング速度が遅くても飛距離を伸ばすことができる、という考えが根強くある。ここではボールとバットの衝突にフォーカスを当て、打球を飛ばすためのインパクト技術について考えてみたい。

ボールの下側をインパクトするとバックスピンがかかる

無回転のボールとバックスピンのかかったボールを同じ速度、かつ同じ角度で投射すると、当然**バックスピンのかかったボールの方が遠くに落下**する。

これは、バックスピンのかかったボールには上向きの揚力が働くためである。揚力は回転数が増えれば増えるほど大きくなるため、強いバックスピンがかかったボールほど滞空時間が長くなるというわけだ。

この現象を知る限りでは、打球をより遠くへ飛ばすにはボールに強いバックスピンをかけることが有効であるといえる。

物体を回転させるには、**物体の重心から外れた位置に力を作用させる**必要がある〔図1-20〕。物体を回転させようとする効果は、力が作用する位置が重心から離れているほど大きくなる。

一方で、重心に対して真っすぐに力が作用する場合、物体は全く回転しない。このことから、ボールに強いバックスピンを与えるには**ボール中心の下側をインパクトする**ことが

①力の作用線がボール中心を通る場合、ボールは並進運動をする。

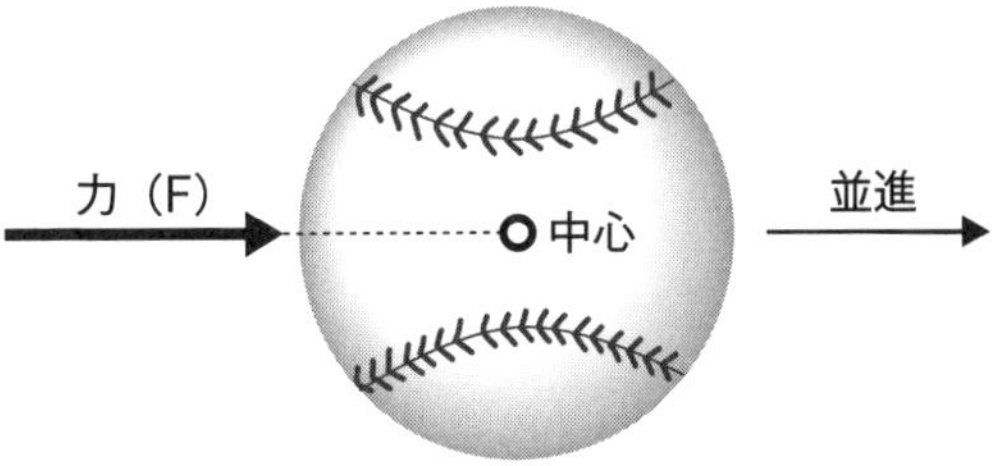

②力の作用線がボール中心から外れた位置を通る場合、 ボールは並進運動と回転運動をする。このとき、ボールを回転させようとする力の効果を**「力のモーメント：M」**と呼ぶ。

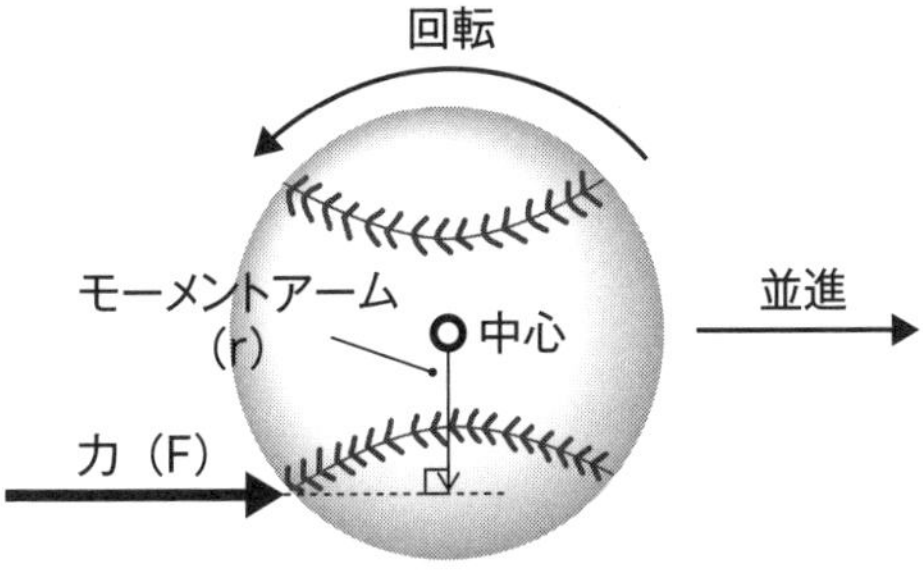

M＝r×F
力のモーメント（M）は
ボール中心と力の作用線との距離
（モーメントアーム：r）と
力（F）の積で表すことができる。

図1-20 物体に作用する力の効果

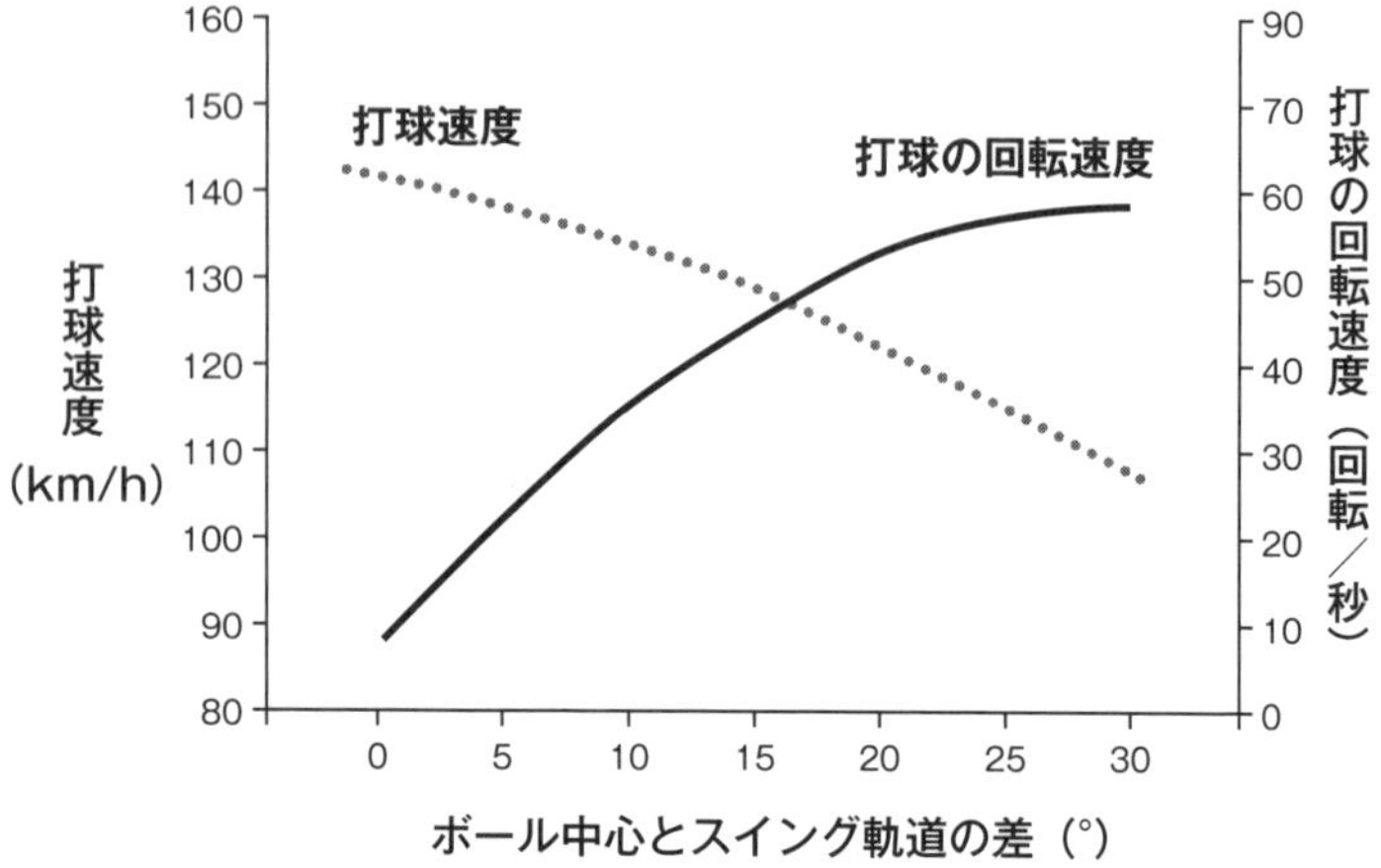

図1-21 **打球の速度、回転数、ボール中心とスイング軌道の差の関係。ボール中心とスイング軌道の差が大きくなるほど、打球の速度は低下し、回転速度は増加する**（英和出版社『科学するバッティング術』より作図）

求められる。

打球速度を最大にする軌道

しかしながら、ボール中心から離れた位置をインパクトするほど、加速したバットの勢いをボールに伝達することができなくなるため、**打球の回転数は増加するものの速度は低下**してしまう〔図1-21〕。

そのため、打球速度が最も速くなるのは、インパクトにおけるボールとバットの中心同士を結んだ線とボールとバットの軌道が一致するとき、ということにな

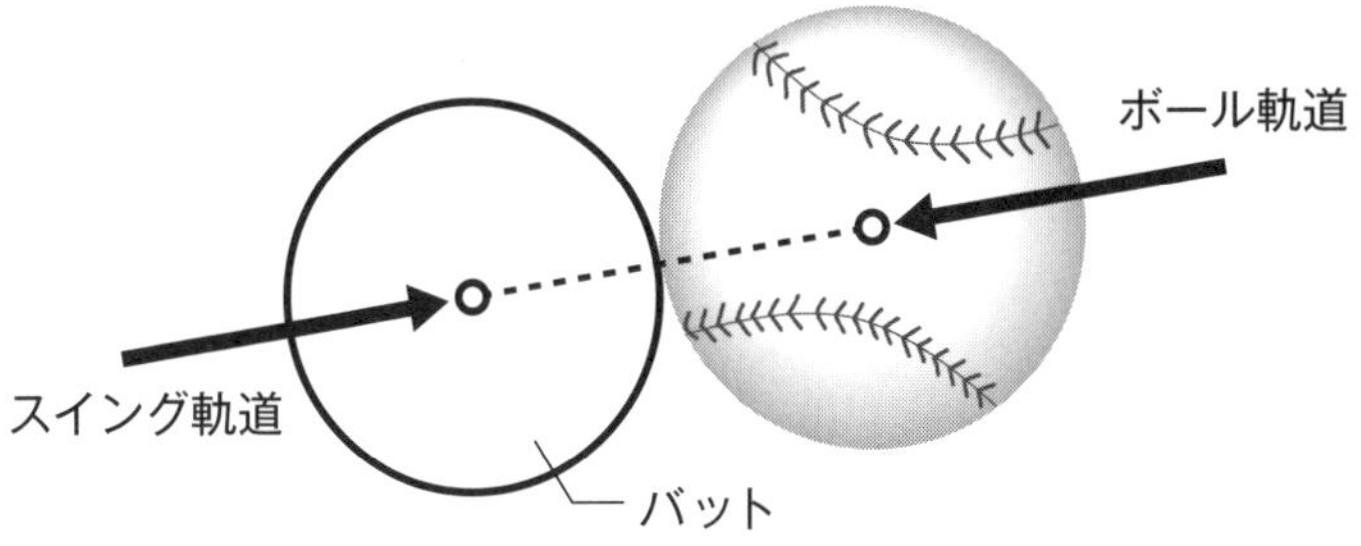

図1-22 打球速度が最大化されるボール・インパクト。ボール軌道とスイング軌道が平行かつバットがボール中心を打撃したときに打球速度が最も大きくなる。このとき、打球には回転が生じない

る。投球されたボールのホームベース付近の軌道は下向きに約5〜15度で進んでいるため、打球速度を最大にするには**10度前後上向きのスイング軌道（アッパー気味の軌道）でバットをボール中心に衝突**させれば良い〔図1－22〕。

ただし、ボールとバットが正面衝突した場合、打球に角度がつかず回転が生じない。無回転のボールには上向きの揚力が作用しないため、**打球速度が最大化されたとしても飛距離が伸びない**。したがって、飛距離の最大化を目指す場合は、アッパー気味の軌道でボール中心の僅か下側をインパクトすることが必要と

なる。
最近の研究では、速球を打撃する場合、**ボール中心の6ミリ下を19度上向きのスイング軌道でインパクト**すると打球に角度がつき、回転数も増加し、飛距離が最大化されることが報告されている（Nathan, 2015）。

「6ミリ」という距離は、見た目にはボールとバットが正面衝突するのと変わりがないように思えるが、打球速度を落とさずにバックスピンをかけるには不可欠な距離だと考えられる。打球の速度と飛距離が最大になるバットの短軸上（バットヘッドとグリップエンドを結ぶ軸と垂直に交わる軸上）でのインパクト位置の違いはほんの数ミリの差である。

そのため、「ボール中心の数ミリ下側を打てるかどうか」が長距離打者になれるかの分かれ目になる。

実戦で飛距離を最大化させるには

ボールの下側を擦るような打撃で飛距離を伸ばすことは、**物理的には難しい**ということが分かった。

しかし、練習において敢えてそのような打撃を行うことは、僅か数ミリのバットコントロールを磨く訓練として効果的かもしれない。注意すべき点は、飛距離が最大化されるインパクト技術（ボール中心に対するインパクト位置やスイング軌道）は**打者によって多少異なる**ということだ。

スイング速度は打者の筋力や技術によって様々である。ボールに回転を加える効果は、ボール中心からの距離だけではなく作用する力の大きさにも影響を受ける。つまり、同じポイントで打撃したとしてもスイング速度の速い方が打球の回転数が増加し、角度もつきやすい。そのため、スイング速度が速い打者は、小さい打者よりもボール中心に近い位置をインパクトすることで飛距離を伸ばすことができる。

よって、選手は同じ位置をインパクトしてもスイング速度によって打球の回転や角度が変わることを考慮し、個人に合ったインパクト技術を探索し、マイナーチェンジを繰り返していく必要があるだろう。

PART2

新時代の
野球データ論
投球編

New theory of pitching

フライボール革命の登場により、打者たちはより「得点効率の高い打撃」に着手しはじめた。しかし、投手も黙ってはいない。フライボール革命への対抗策はもちろん、打撃同様、これまでセオリーとされてきた理論とは異なる新たな「新常識」も続々生まれている。打撃の進化は、投球の進化を生むのだ。ここでは、最新の理論にもとづいた投球のトレンドに加え、大谷翔平、吉田輝星といった今球界が注目する投手たちのデータ分析まで「投球」にまつわる最新のデータ論を紹介する。

SPECIAL INTERVIEW

菊池雄星

シアトル・マリナーズ 投手

18

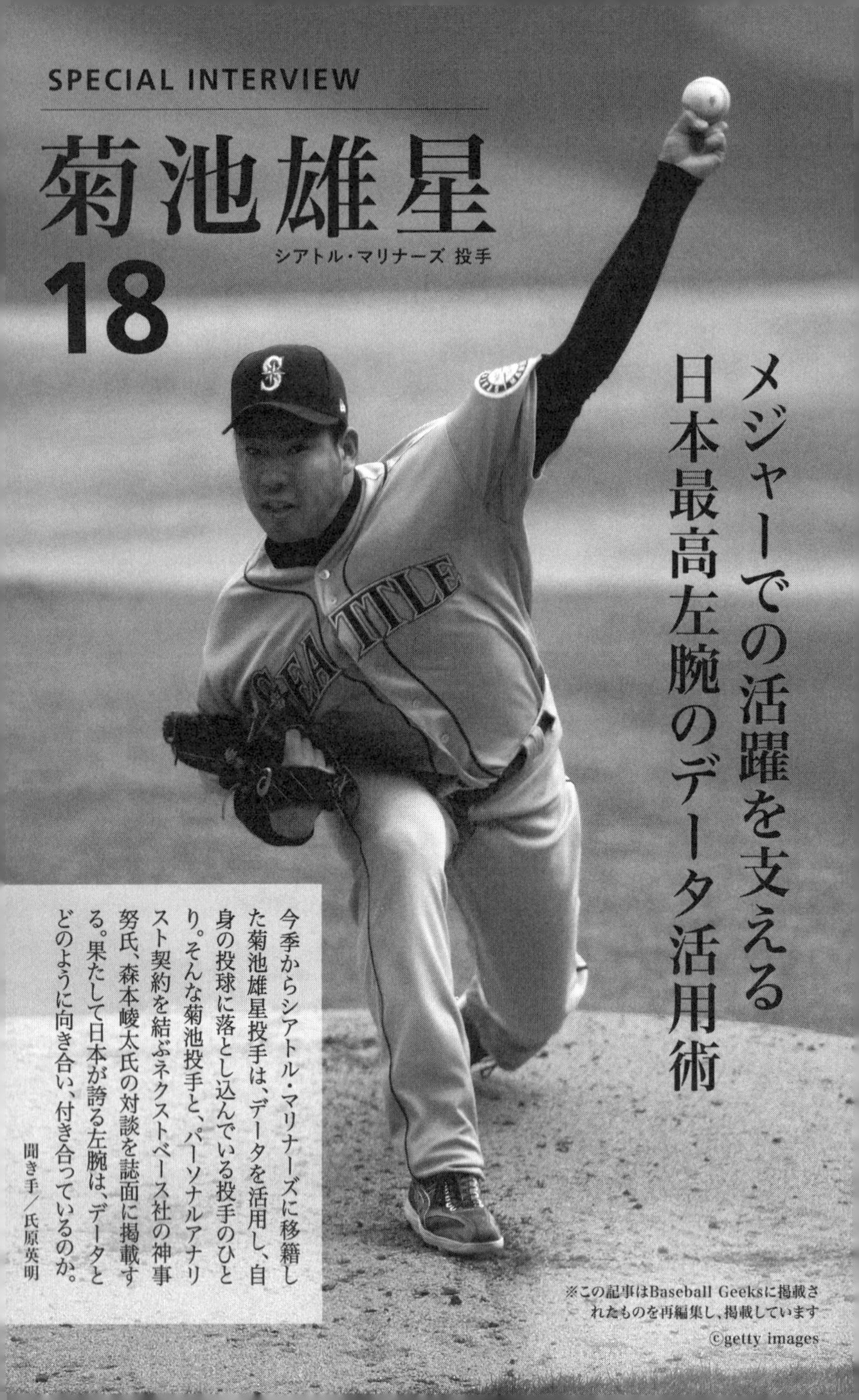

メジャーでの活躍を支える日本最高左腕のデータ活用術

今季からシアトル・マリナーズに移籍した菊池雄星投手は、データを活用し、自身の投球に落とし込んでいる投手のひとり。そんな菊池投手と、パーソナルアナリスト契約を結ぶネクストベース社の神事努氏、森本崚太氏の対談を誌面に掲載する。果たして日本が誇る左腕は、データとどのように向き合い、付き合っているのか。

聞き手／氏原英明

※この記事はBaseball Geeksに掲載されたものを再編集し、掲載しています

©getty images

理想に近づくためのデータ活用術

森本　まず、菊池投手がトラッキングデータを活用するようになったきっかけを教えていただけますか。

菊池　もともと、知りたい意欲が強い性格なんですね。数値もそうですけど、トレーニングや栄養など、いろんな分野について知りたいと思っていまして、トラックマンを西武球場（メットライフドーム）に導入したときに、すぐに興味が出ました。なんとなく抑えたとか、なんで打たれるんだろう？　という試合が年間に何回かあって、それをなくしたいと思ったんです。根拠がある勝ち方や負け方をしたいと。

森本　実際、いつのどの試合とか、例えば、だれかに打たれたとか、具体的なターニングポイントはありますか。

菊池　打たれたことというより、ストレートの質が2017年くらいから良くなって、空振りが多く取れるようになった。それはなんでだろう？　と関心を持って、そしたらトラックマンを紐解いていくといろんな要因が出てきた。スライダーも同様に良くなって三振がたくさん取れて、その根拠をもっと知りたいと。

森本　菊池投手の中で、理想的な打者の打ち取り方や理想の投手像みたいなものはありますか。

菊池　三振です。投手の力を分かりやすく表すのは三振や空振り率だと思います。

森本　実際に、菊池投手の打ち取った２０１８年のデータをリスク管理表という形で分析していいるんですけど、ハイブリッドな投手という印象を受けています。

菊池　んーどうなんでしょうね。２０１７年の方がもっと良かったので、なんとも言えないです。

神事　完全アウトとゴロの割合でいうと、２０１７年と２０１８年はそれほど変わってないんです。

森本　むしろゴロが増えたので、全体的にはプラスになっているんですけど、菊池投手は三振にこだわっているところがあるので、自分の思うような感じではないのかもしれませんね。

菊池　そうですね。

森本　メジャーリーガーでは気になる投手はいますか。

菊池　カーショウ（ドジャース）がどんな投球をしているかは気になります。

神事　（カーショウは）ゴロが多いのが特徴です。彼のスライダーはゴロになっている。菊池投手がカーショウを目指すなら、スライダーは空振りを奪うのと、ゴロになるものとを分ける必要があるかもしれないですね。

――カーショウが目標というのは、どういうところを見て思うのでしょう。

菊池　持ち球が似ていると言ったらおこがましいですけど、真っすぐとスライダーが軸となって、カーブ。落ちる球というよりも真っすぐ、スライダー、カーブで勝負しているところに、僕もああいう究極の投手になりたいと思いました。

――菊池投手は2015年のオフに、ポストシーズンの観戦に行っています。カーショウを生で見て、例えば、カーショウに倣って球種をこうしようとか考えましたか。

菊池　それはなかったですね。ただ、真っすぐとスライダーの出し入れでほとんど三振を取っていた。右打者のインコースと外のスライダーだけで三振を取ってしまうところに凄みを感じました。僕もいろんな球種を投げる投手ではないので、少ない球種をいかに磨くというところはここ2、3年の意識には繋がっていると思います。

どのようにピッチデザインしていくのか

森本　菊池投手は、2018年、ボールの質とリリースの2点について気にされている印象を受けました。膨大な数のトラッキングデータの中から、なぜ、そのふたつにこだわったのですか。

菊池　リリースに関して特にこだわったんですけど、試合によって高さが違うことが多くあったんです。リリースポイントが定まっているときはいいボールがいってるんだけど、悪いときは前後にぶれるということが顕著に出ていた。そこは直さないといけないと。

森本　いいフォームで投げられていると、変化球が良いと話をされていましたが、リリースポイントの例のように客観的な数字でフィードバックがあるから振り返ることができるということですか。

菊池　そうですね。仮に打たれた試合だとしても、なんで打たれたのか、なんで打たれないのかというのが、しっかり分かれば、次の1週間に繋がります。データがなかった時代は、なんで今日はボールが良かったのに打たれたのかが消化しきれないまま、次の週にいってしまっていた。そういうことが防げるようになりました。

森本　自分の投球がクリアになった。

菊池　投手コーチはフォームのことを気にしますし、僕自身もどこが悪いんだろうと変な微調整をしてしまって、自分から崩れるということが起きる。ところが、数値が明らかにしてくれるようになって理由がはっきりしていれば反省ができる。切り替えられるわけです。

神事　すごく具体的になりますよね。

――選手とアナリストのやりとりはどういう形で始まるんですか。例えば、２０１７年は肩の疲労から回復して最初の阪神戦は良くて、次週の巨人戦からリリースが良くないというのをメディアでも言い出しました。どういうやりとりがあるんですか？

菊池　レポートをいただくので、試合後、僕が気になったところを尋ねます。

神事　ディスカッションする形ですね。菊池投手から「これについてはどうでしたか？」という具体的な質問があり、「ここが前と違った」とか、「ここも違ったけど、そんなに気にする必要がない」という話をします。お互いが出し合うという形です。

菊池　２０１８年は、開幕前に左肩を痛めた影響で、かかえながら投げるという癖ができてしまいまして、復帰してからもそれが抜けなくて、例年よりリリースの位置が高くなってしまった。でも、「マイナスだけではないよ」という話もして頂いたりしていました。

神事　一番いいボールの感覚が本人自身にはあるので、自分のフォームとコンディショングの話になる。そうすると現在取得可能なデータ以外の情報も必要になる。そういった数値化されない部分を聞き出して、本人の感覚とトラッキングデータを結びつけていくんです。データだけを見ている人だと恐らく分からないと思います。僕の場合、筋肉の話やバイオメカニクス的なエネルギー伝達の話ができるので、そこからトラッキングデータを紐解いていくという作業をしていきます。

――そういうやりとりを繰り返していって、投球自体は、シーズン後半に向けて変わった実感はありますか？

菊池　リリースポイントが高くなった影響から肩のハリや回復が遅い時期がありました。そこで神事さんに相談したら、リリースを上げるためには、身体を倒さないといけないんだけど、そのときの状態は腕だけが上がっているということを教えてもらいました。だから、ケアしても繰り返してしまうので「ちょっと倒してみたら」とか、あるいは「体を倒せないなら腕を下げてみる」という話になりました。

森本　フォームでいうと完成度は自分の中ではどれぐらいありますか。

菊池　フォームはこれから大きく変えるところは恐らくないのかなと思います。投手って基本、あとから対処するしかないじゃないですか。打者がこう変えたから投手がこう変えなきゃ、と。その繰り返しだと思うんです。これで完璧。ってことはたぶん引退するまでないと思います。

ピッチトンネルを構成していくための取り組み

森本　２０１８年、菊池投手はスライダーの高速化、つまり、スピードを上げることを目指していました。近年では、どの球種を投げても途中までは同じような軌道を描く「ピッチトンネル」が注目を集めています。菊池投手もこのピッチトンネルを意識していたのでしょうか。

菊池　そうですね。いかに手前まで真っすぐに見せるか。ピッチトンネルを構成していくための取り組みでした。

神事　（２０１８年は）速球の質が変わったので、速球とスライダーの横曲がりの感覚が最初は一致してなくて、それにちょっと時間がかかったのかなと思います。ストレートの球質の変化に合わせてスライダーも調整しながらピッチトンネルを構成していました。

森本　メジャーリーグを意識する上で、質に取り組んでいって、どんどん変化しようとしていたのでしょうか。

菊池　ピッチングの軸はストレートだと思いますので、意識は空振り率です。2017年の方がいいんですよね。

森本　球速は2017年の方が出ていましたが、ボールの質だけだと、空振りが取りやすいのは2018年です。

神事　ボールがシュートしなくなった。今話題のフライボール革命の対策にもなるんですが、今、メジャーの多くの投手が4シーマーになりつつある。その理由は日本特有の良い4シーマーがメジャーリーグで活躍するという想定ができてきて、そこにもうひとつ、スライダーを組み合わせれば、このふたつで空振りが取りやすくなります。

――菊池投手としては、フライボール革命をどうとらえていますか。例えば、日本ではソフトバンクの柳田選手が取り入れていたように思います。

菊池　ピッチトンネルではインハイのストライクゾーンへのストレートがカギになりますけど、日本では、そんなサインは出ないです。ボール球で誘うというのは別ですが、インハイのストライクゾーンにキャッチャーが構えるという考え方がなかった。いかにストレートを低めに集め、スライダーを追っかけさせるかという方に意識が向いていました。

打者の手元で曲がるボールを意識する

――ピッチトンネルという言葉、概念は日本で取材をしていてもまだ一般的ではありません。実際、菊池投手は初めて聞いたとき、どういう印象を持ちましたか。

菊池　ピッチャーとしては大きく曲げる、緩急をつけるとか、そういう方向にいってしまっていることの方が多かったです。バッターを泳がせるのが、ピッチャーの仕事、快感みたいなところがあるじゃないですか。カーブはドロップみたいにして、スライダーは曲げて泳がせたいという願望がありました。その中でピッチトンネルについて聞いたんですけど、確かに、スライダーで三振を取っているときはゾーンの外でボール球を振らせているケースより、真ん中低めくらいだということが、後付けで分かってきました。打者の手元で曲げて、真っすぐに似せる意識を持つようになりました。

――将来を考えてより高いレベルで成功していくためには必要だと思っていたんですか。

もちろん、シーズン中からメジャーリーグを意識していたことはないと思いますが。

菊池　いい打者になればなるほどポイントが後ろになってくるじゃないですか。1、2の3、で振ってくるのであればボールの変化量で勝負できるかもしれないですが、待たれると、手元で曲げないといけない。特に、アメリカに行った場合に想定されるのは、打者の始動がより遅くポイントを後ろにして打ってくる打者が多いということです。

——でも、アメリカはそうですが、逆に日本でピッチトンネルにとらわれるばかりだと打たれちゃう危険性もありませんか？

菊池　そうかもしれませんけど、でも、長打があるのは外国人打者ばかり。特にパ・リーグは4番に外国人が必ずいますんで、そういう打者対策にも、ピッチトンネルは有効かなと思います。

第三の球種の開発

——去年はチェンジアップの変化量がよく見えたのですが、神事さんからはどういうアドバイスをされたのですか。

神事　チェンジアップは、去年までは遅くてよく落ちるチェンジアップでした。ピッチトンネルを構成できていない軌道だったので、手元まで見るタイプの打者は、チェンジアップを狙い打つか、見送るという選択ができるボールになっていました。試していたとは思いますが、僕はもう少しだという印象でした。

森本　チェンジアップはよくキレているという評価ではありましたけど、ピッチトンネルで考えるとちょっと使いにくいということです。

神事　カーブと同じ意味合いになっています。変化が大きくてという意味ではカーブと同じ、だとするならば、ちょっともったいないです。

――では、2019年に向けてチェンジアップの改良のお話をされたのですか？　話せる範囲でお願いします。

菊池　去年は1、2の3、のタイミングの打者のときのチェンジアップは空振りしてくれたんですけど、手元で振る打者は待たれることが多いという実感があったので、相談しました。少し握りを変えて……変化量じゃなくてスピードを上げてちょっと落ちるような形を作れればなと。

――菊池選手は今年から新たなステージ（メジャーリーグ）で挑戦となります。リリースポイントやピッチトンネルなどのいろんな知見を得て、メジャーリーグで成功するためには何がカギになると思いますか？

菊池　真っすぐとスライダーではピッチトンネルを構成できているので、そこに近いピッチトンネルを通って落ちるボールや逃げるボールが使えれば、そこが一番カギかなと思っています。恐らく、今年からはそれが想定されると思っています。

森本　つまり、第三の球種と。

菊池　今、真っすぐとスライダーのふたつの球種が入っているだけになっている。そこで同じようなところから落ちる球っていうのは、今まで活躍されている、日本人メジャーリーガーの方々が共通して投げていますから。

アスリートがデータを操る時代

――普段、取材をして思うのは、野球界の多くはあまりデータに対して敏感ではない。メディアも含めてのことですが、実際、菊池投手が取り組んできて、データを参考にして良かったことはありますか。

菊池　一番大事なことでもっとも難しいのは、自分を知るということだと思います。メンタルもそうですし、すべてにおいて言えるのですが、なぜ、打たれたのかが分からないというのは、自分を知っていないと同じことです。逆に勝ったときも、なぜ、勝てたのかが説明できないのは、やはり自分を知らないのと同じで再現性は生まれない。数字があると裏付けができて腑に落ちるので、再現性も高まっていくと思います。

神事　データを使えるアスリートって凄いと思います。他の競技にはいるかもしれないんですが、野球選手として自立している。データを数字のまま見て分かる人もいれば、それをなんとか解釈して言語化して伝えることでようやく腑に落ちる人もいる。その作業が実は重要なんじゃないかと思います。つまり、数字を翻訳して、言葉に置き換えるということです。

菊池　あと何年野球やるか分からないですが、何十年って考えたときに、昔のデータを比較できるのかなと。今はそこまで考えてないですけど、データを取り続けることに今後、意味が出てくるのかなと思います。

――野球選手として、菊池投手みたいな感覚でデータも大事にして能力を高めていくことは大事ですよね。

菊池　直感だけでやれる。なにも気にせずに結果を出せる人は、それでいいと思います。

僕は裏付けがないと不安という性格なので、これからも必要になると感じています。

――カーショウへのあこがれがあると話していましたが、こういういろんなデータを利用することを踏まえた上で、これからも理想はカーショウですか？　神事さん的には正解なのでしょうか？

菊池　カーショウのデータを見ると本当凄いんです。縦回転の数値には驚きます。ただ、そんなカーショウを目指すのは現実的ではないので、あくまで参考にしたいという投手です。自分がどういう投手になっていくべきなのか。考えないといけない時期が遅かれ早かれ来ると思うので、そういうときに神事さんと相談しながら、取り組んでいきたい。今は、まず、これまで築いてきたスタイルを生かすことを大事にしていきたい。

神事　菊池投手はカーショウタイプじゃないです。腕の角度が違います。ただ、逆にカーショウができないことを菊池投手はできるので、理想像でいうと、カーショウのこの部分とシャーザーのあの部分、また、誰かのあの部分、という風に複数でいいんじゃないですかね。数字で見て比較ができるので、そういう中で菊池雄星ができ上がればいいのかなと。

――神事さんが考える菊池投手のメジャーリーグ成功のカギはありますか。

神事　先ほども話に出ていたように高めの真っすぐだと思います。徹底して高めに投げること。ピッチトンネルを構成するための基準球が速球であるならば、速球を高めにちゃんと投げることができれば、他の球種が必然的に生きてきます。

菊池投手がプレーするメジャーリーグという舞台は、誰もが通用するような簡単な場所ではない。

高い技術力はもちろんのこと、データを駆使して、あらゆる対策が取られるからだ。本稿を通して、菊池投手がそうした野球、ベースボールに着手しようとしているのがお分りいただけたと思う。大きな壁にぶつかることもあるだろうが、知識欲のある菊池投手であれば、たくさんのことを吸収していくに違いない。

日本の野球界として大事なことは、菊池投手の活躍を基にして、それをどう落とし込んでいくかということになろう。ひいては、それが、彼がメジャーリーグに挑戦する意味であり、球界の発展にもつながるはずだ。

メジャーリーグで注目、球質評価の新指標
ボール変化量とは？

現在、メジャーリーグのすべての球場で、トラックマンと呼ばれる計測機器が設置され、ボールの速度やボールの回転、リリースポイントなど多くのデータが採取されている。baseballsavant においても計測されたデータの一部が公開されている。

日本では、バックネット裏に設置されたスピードガンによって球速が計測されているが、「あの球場は左投手の球速が遅い」というように、精度に関して時折話題に上がる。そこでトラックマンとスピードガンの違いを以下で比較してみた。まずは設置場所による両者の違いだ。

【設置場所によるスピードガンとトラックマンの違い】

・スピードガン

スピードガンの構造上、投球されたボールの真後ろや真ん前で計測したときに、最も精度良く計測することができる。日本の球場では、スピードガンの設置してある場所がまちまちであり、**球場間で球速が異なっている**のが現状だ。

・トラックマン

すべての球場で同じようなところに設置されており、計測の方法上、スピードに関しては**精度良く計測できる**ことが分かっている。

次に計測ポイントによる両者の違いを比較する。

【計測ポイントによるスピードガンとトラックマンの違い】

・スピードガン

日本で計測されているスピードガンは、投球されてから捕手に到達するまでの**どの部分の球速を計測しているか分からない**。

・トラックマン

リリース直後のボールスピードを計測できるため、**本当の初速を測ることができている。**

このような理由から、各選手の球速を評価する上で、トラックマンのデータは非常に価値の高いデータであるといえる。

「回転数が多い≠良いボール」

また、トラックマンから得られるもので注目すべきデータは、**回転数**（スピンレート）だ。投球されたボールが1分間で何回転するのかを表したもので、これもbaseballsavantで公開されている。

回転数が大きいと、「ノビがある」、「キレがある」と言われることがあるが、必ずしもそうではない。一般的には、回転数が大きいボールには、大きな力（揚力）が作用するが、この見解には**ある前提条件が存在**する。

それは、「**回転軸が進行方向と直角であった場合**」ということ。ライフルのような回転をしている場合、いくら回転しても揚力は作用しない。つまり、回転数は、ボールの変化を決めている揚力を決めるひとつの要因に過ぎないということだ。

しかも、回転軸の方向は個人差が大きいが、トラックマンでは**回転軸の方向を計測することができない**。

アメリカの野球中継では、回転数ばかりが取り上げられている。回転数偏重であると言わざるを得ない。ボールの質を評価する上で、「回転数はひとつの判断材料に過ぎない」、ということを念頭に置いてデータに向かうことが必要だろう（P129に後述）。

ボールの変化を直接評価する指標

baseballsavantでは、ボールの変化量を直接評価する指標が公開されている。ボールに作用した揚力によって、ボールがどのくらい変化したのかを表している。

回転数が揚力を生み出す「原因」であるならば、ボールの変化量は、その「結果」だ。

ボール変化量は、投手の球質を評価する上で、重要なデータとなっている。回転数よりも得られる情報が多いはずだ。

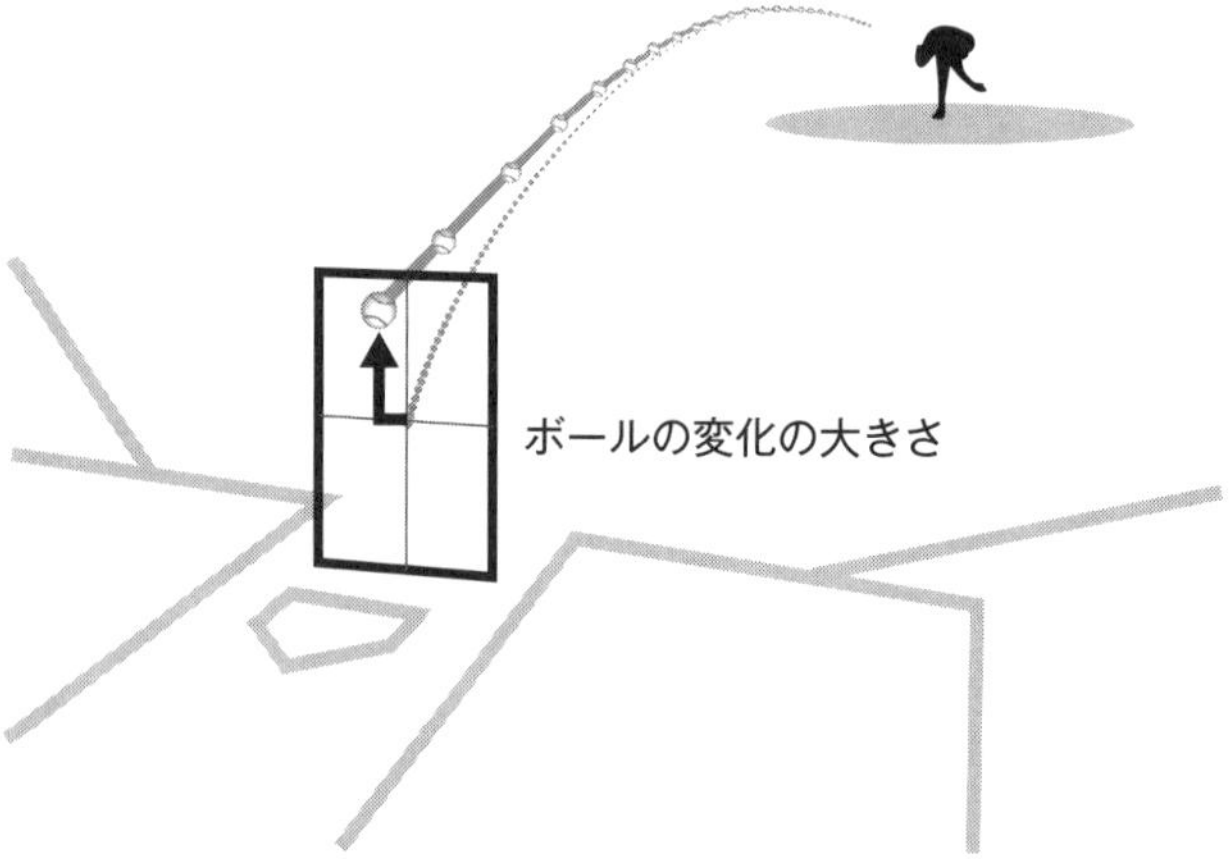

図2-1 ボールの変化量の定義

このデータも、トラックマンによって計測されており、リリース直後から、ホームプレートまでが計測区間になっている。

この変化量は、重要でありながら、その解釈はやや難解なもの。例えば、ナックルボールはゆらゆらと揺れるような変化をする。

このようなほぼ無回転のボールは、縫い目の影響によってボールに力が作用して曲がる。これ以外の球種は、基本的にはボールが回転することによる**マグヌス効果によって、ボールに力が作用**している。

この「ボールの回転によってボールが曲がる」場合だけを考えて話を進めてみよう。〔図2－1〕の太線は、実際に投球されたボールの軌道になる。

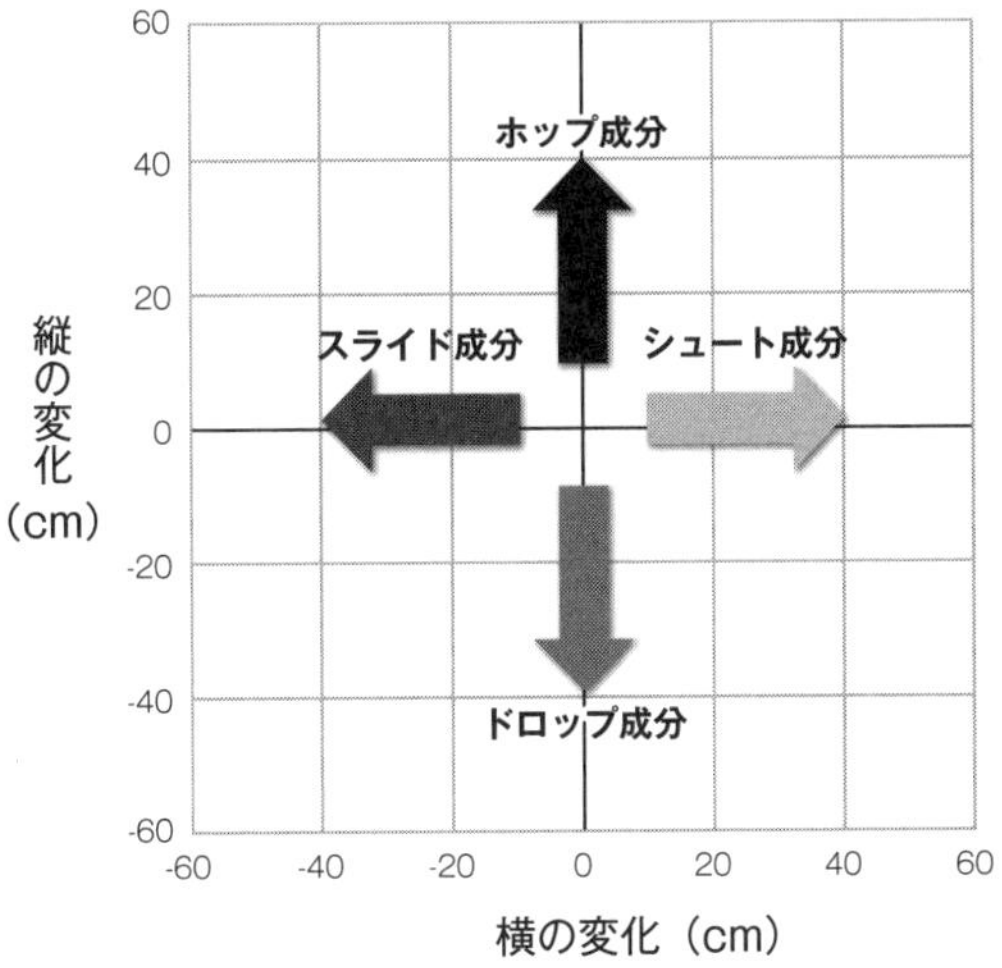

図2-2 投手方向からみたボールの変化量の表現の仕方(右投手の例)

また、点線は、ボールが回転せずに重力のみが作用した場合の軌道になる。点線は、太線と同じボールスピードで同じ方向にリリースされた場合で、初期条件は同じ。

・バックスピンをしている速球はホームベース上で点線よりも太線の方が上に到達する。

・トップスピンしているカーブはホームベース上で点線よりも太線の方が下に到達する。

そして、このふたつの軌跡のホームベース上での差を、ボールの変化量として表している。

このボールの変化量は、以下の上下左右の4成分に分けることができる〔図2－2〕。

【ホップ成分】

点線よりも太線の方が上にボールが到達したときをホップ成分と表現する。

【ドロップ成分】

ホップ成分とは反対にトップスピンによって点線よりも下に到達したときをドロップ成分と表現する。

【シュート成分】

投手の投球腕方向に曲がっていた場合をシュート成分と表現する。

【スライド成分】

シュート成分とは反対に曲がっていた場合をスライド成分と表現する。

球種	回転数(rpm)	横変化(cm)	縦変化(cm)
速球	2263	19	40
2シーム	2142	37	24
スライダー	2394	-14	5
チェンジアップ	1775	34	18
カーブ	2494	-24	-23
カットボール	2348	-6	21
スプリット	1429	28	12

表2-1 2018年メジャーリーグの各球種のボールの変化量平均

図2－2の縦変化は、正の値がホップ成分、負の値がドロップ成分ということになる。また、横変化は、正の値がシュート成分で、負の値がスライド成分になる。なお、表2－1の横変化は、すべて右投手に変換して記載している。

これらのデータからメジャーリーグの平均的な球種の傾向を挙げてみよう。

・速球のホップ成分は40センチで、シュート成分は19センチである。

・2シームは速球に比べて、ホップ成分が16センチ少なく、沈んでいる。また、シュート成分が18センチ大きくなり、よりシュートしている。

・カットボールは、ホップ成分が2シームとほ

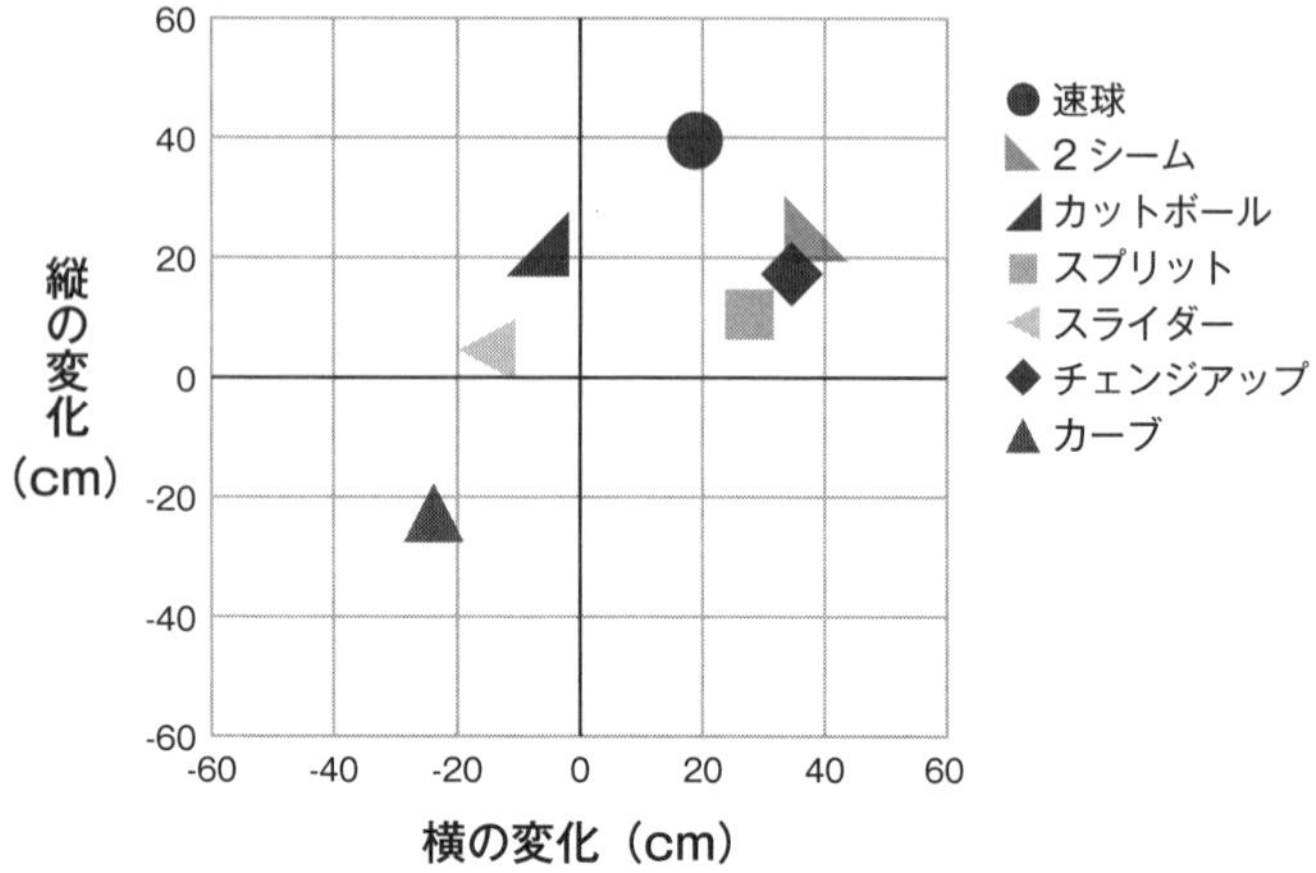

図2-3 2018年メジャーリーグの各球種のボールの変化量平均

ぼ同じであるが、シュート成分が小さい。

・スプリットは、ホップ成分が12センチと、速球よりも28センチ落ちている。

・スライダーは、14センチスライド方向へ曲がっている。

・チェンジアップは、速球に比べてホップ成分が22センチ小さく、シュート成分が15センチ大きく、沈みながらシュートしている。

・カーブはドロップ成分が23センチと唯一ドロップ成分を持つボールである。また、スライド成分が24センチとなっており、スライダーよりも10センチ曲がりが大きい。

このように、変化の様子を数値として扱うことができるのが、ボールの変化量の特徴だ。図2－3はこれらボールの変化量を可視化したものだ。これは投手の持ち球を知る上でとても優れた図となる。

今後、メディアでもこの図は目にする機会が増えてくるだろう。

トラッキングデータで徹底解剖！

サイ・ヤング賞投手と比較して見えた大谷翔平の凄さ【速球編】

２０１８年、投打にわたる活躍で、メジャーリーグでも大きな注目を集めた大谷翔平。「投手・大谷」はどれほど凄いのか。

大谷と日米を代表するエースたちを２０１８年のトラッキングデータから比較し、どのようなボールを投球しているのかを紹介したい。まずは速球のデータを見ていこう。

メジャーリーグを代表するエースたち

はじめに、今回比較する投手たちを紹介する。次の3投手は、全員サイ・ヤング賞受賞経験のあるメジャーリーグを代表するエースたちだ。

【クレイトン・カーショウ（ドジャース）】

サイ・ヤング賞に3度輝いたドジャースのエースで、現役最高左腕との呼び声も高い。投げ下ろすようなフォームから投げる変化の大きなカーブとホップ成分の大きな速球が特徴。

【マックス・シャーザー（ナショナルズ）】

サイ・ヤング賞を3回獲得しているナショナルズのエース。ややサイド気味のフォームから繰り出される150キロ超えの速球とスライダーを武器に、今シーズンも驚異的なペースで奪三振を積み重ねている。

【ジャスティン・バーランダー（アストロズ）】

アストロズ初の世界一に大きく貢献した右腕。平均150キロを超える速球が最大の武器。「打者」大谷との初対決では3奪三振を奪った。

これらの選手と大谷、そして田中将大（ヤンキース）とダルビッシュ有（カブス）の6

順位	選手名（チーム名）	平均球速（km/h）
1	**大谷 翔平（エンゼルス）**	**156**
2	バーランダー（アストロズ）	153
3	ダルビッシュ 有（カブス）	151
4	シャーザー（ナショナルズ）	151
5	田中 将大（ヤンキース）	148
6	カーショウ（ドジャース）	146
ー	メジャーリーグ平均	150

表2-2 速球の平均球速比較

人をデータで比較していこう。

球速は大谷が一番だが……

まずは速球の平均球速を比較する。**最も速かったのは大谷**だった〔表２－２〕。球速の速さは大谷最大の特徴だ。この球速を誇る先発投手はメジャーリーグでも数少なく、そのポテンシャルは世界一といっても大袈裟ではないだろう。

では次に、ボール変化量を使って速球の球質を見てみよう。球速では高いポテンシャルを見せた大谷だが、実は打者があまり**「ノビ」るように感じない速球**を投球しているのだ〔図２－４〕。

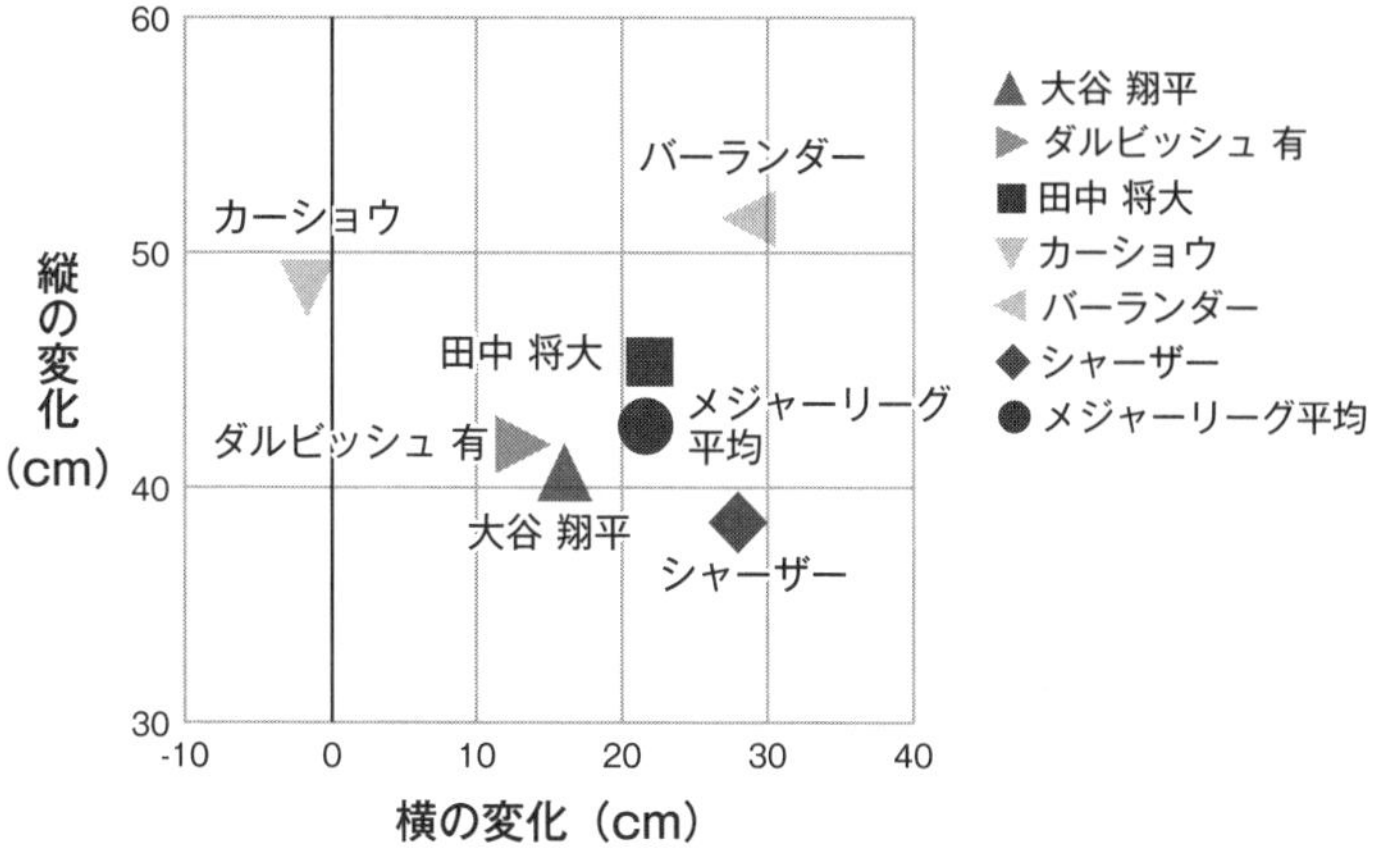

図2-4 速球のボール変化量比較。日本人投手たちは平均に近い
（※カーショウは左腕のため横変化を反転）

打者は平均的な変化のボールを見慣れている。そのため平均よりもホップ成分の大きな速球には「ノビ」るように感じたり、平均よりもシュート成分の大きな速球に横曲がりを感じたりするのだ。大谷の速球はこの6名の中では**ダルビッシュに近い球質**で、ややカット気味に沈むような変化のボールだ。球速が圧倒的であるものの、**打者の予想に近い軌道**であるため空振りが少ないのかもしれない。

一方で、メジャーリーグを代表する投手たちは、平均を大きく外れた軌道の速球を投球している。**カーショウやバーランダーはホップ成分が非常に大きな速球だ。**

「野球をやってきて、恐らく打席の中で見

た一番速い球じゃないかなと思います」

バーランダーとの対決後に大谷が感じたように、ホップ成分の大きなボールは打者が「ノビ」るように感じ、球速以上の威力を感じるボールなのだ。

大谷の課題は速球の球質!?

ここまで球速、ボール変化量のデータから大谷の速球を比較してきた。

球速の観点ではメジャーリーグを代表する投手たちを大きく上回ったものの、ボール変化量の観点では打者が予想しやすいようなボールであった。

サイ・ヤング賞投手たちとの差はこの速球の球質にあり、より打者の予想を裏切るようなボールを投球することができれば、これらの投手に引けを取らない投手になるに違いない。

"ノビのあるボール"の正体とは？

「ノビのあるボール」――野球界ではごく当たり前のように使われ、指導現場や試合中の解説でもよく耳にする言葉だ。

これまでは指導者や選手の主観で表現されていたこの言葉だが、トラッキングデータの普及によって客観的に評価できるようになった。

このボールの「ノビ」の正体とは一体なにか。データで明らかにしていきたい。

「回転が多い＝ノビがある」ではない!?

トラッキングデータの普及により、最も注目を浴びた指標は先に紹介した「**回転数**（スピンレート）」だ。

一見、回転数が多いボールはノビるように感じるボールという印象を持ちやすい。しかしながら、P116でも解説しているように必ずしも**回転数の多さとボールの変化の大き**

さは一致するとは限らない。

その理由はボールの回転軸の方向にある。

もし投球したボールの回転軸が進行方向と直角（＝バックスピン）であれば、回転数が増えれば増えるほどボールを変化させる力（揚力）が働く。しかし、回転軸が進行方向と平行なボールいわゆるジャイロ回転のボールは、いくら回転数が増えても揚力は作用せず、ボールは変化しないのだ（図2－5、2－6）。

少々難解な説明となったが、つまりは**回転数「だけ」ではどんなボールか分からない**ということだ。

一方で、トラックマンではボール変化量を直接計測することができる（P118参照）。

これは、重力の影響のみを受けてボールが到達した地点を原点としたとき、揚力の影響を受けてボールがどれくらい変化したのかを数値化した指標だ。実際に浮き上がることはないが、ほとんどの投手の速球は原点よりも左上に到達する。このボール変化量を使い、ボールの「ノビ」の正体を説明していこう。

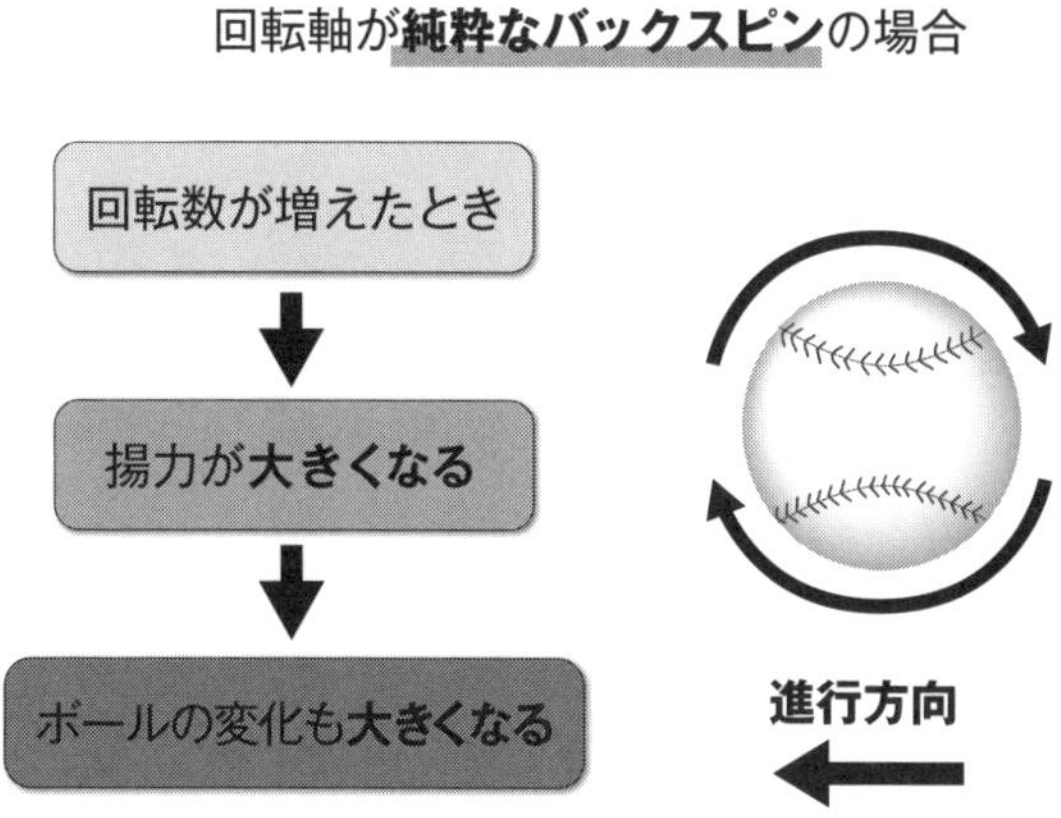

図2-5 回転数とボールの変化の仕組み。回転軸がバックスピンであれば変化は大きくなる

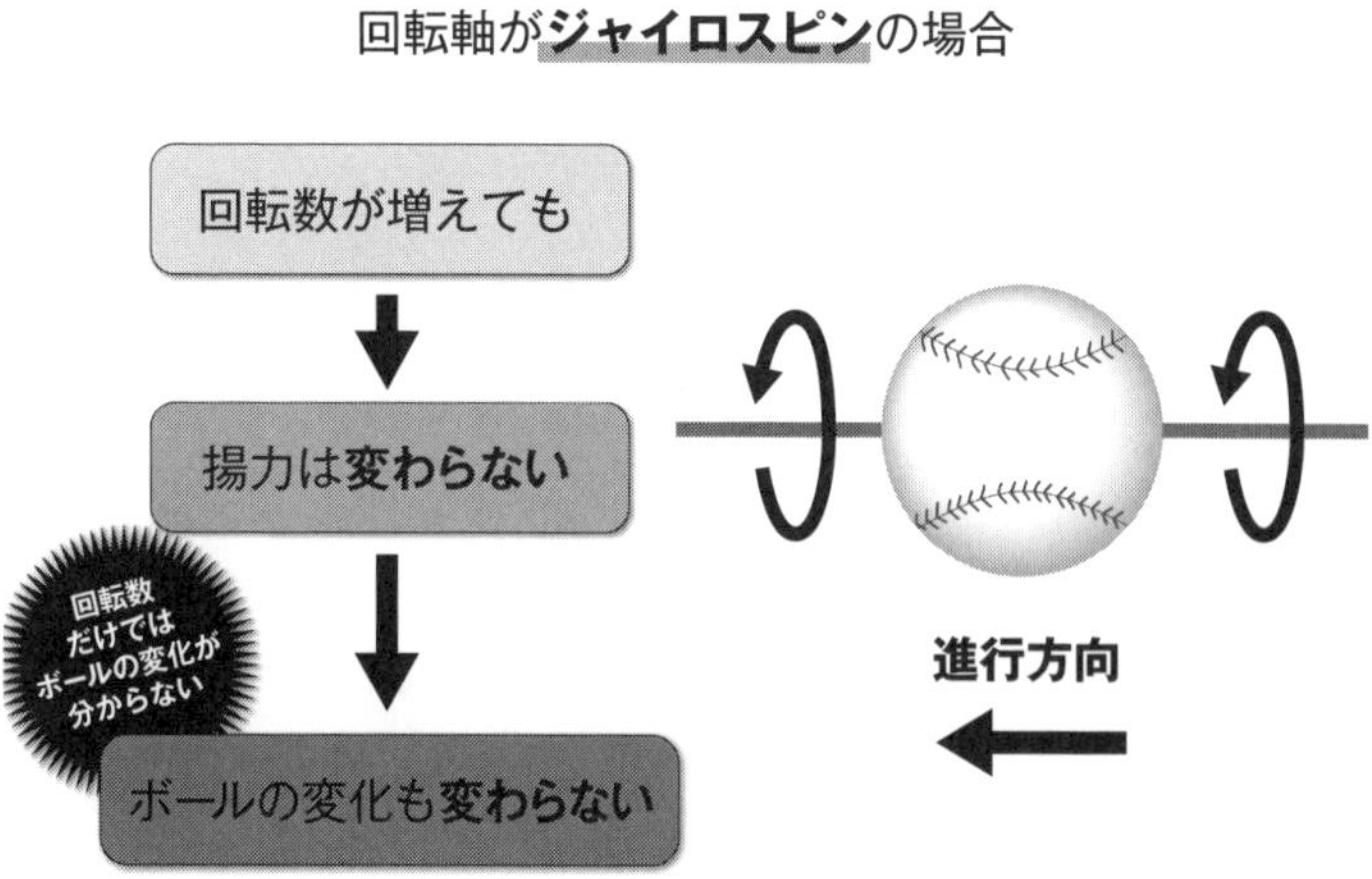

図2-6 回転数とボールの変化の仕組み。回転数だけではボールの質は評価できない

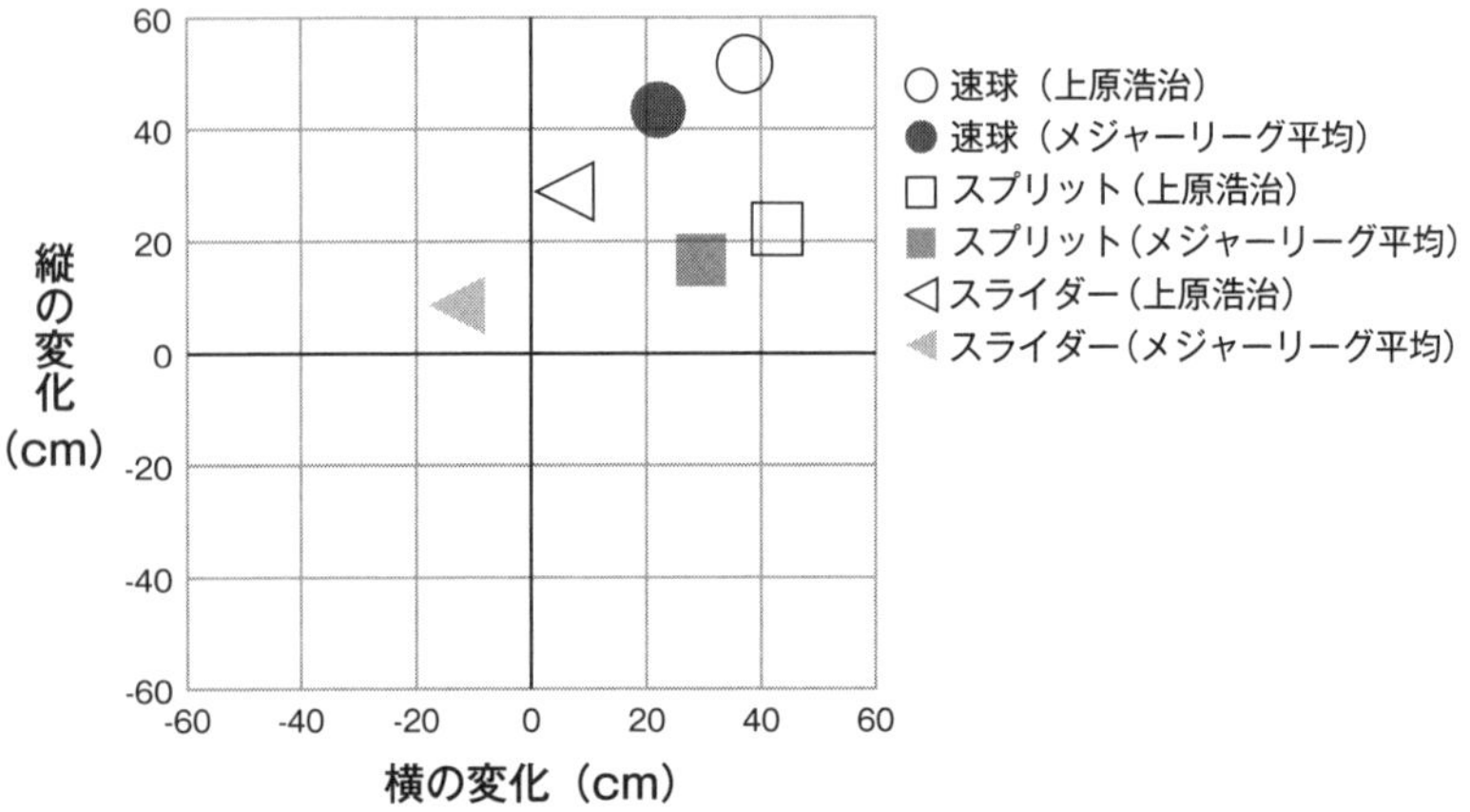

図2-7 2017年メジャーリーグ時代の上原浩治のボール変化量

「ノビ」の正体とは

２０１９年途中に現役を引退した上原浩治のメジャー時代（２０１７年）を例に解説する。上原とメジャーリーグ平均値のボール変化量をプロットした（図２－７）。

上原の速球の縦の変化量（ホップ成分）は約53センチで、**メジャーリーグ平均よりも10センチ以上大きかった**。

打者は平均的な変化のボールを見慣れている。そのため予想を上回るホップ成分のボールに対しては、実際には浮き上がるわけではないにも関わらず「ノビ」ているように感じるのだ。

実際に、上原の速球は１４０キロ前後の球速ながら高い空振り割合を記録していた。この平均を上回るホップ成分こそがボールの「ノビ」の正体であり、打者の予想を裏切る変化のボールこそ、打者の打ちにくいボールなのだ。

ボール変化量で紐解く
吉田輝星の球質

2018年に行われた全国高校野球選手権大会（夏の甲子園）は、大阪桐蔭が史上初となる2度目の春夏連覇を果たし幕を閉じた。

数々の名勝負やスターを生んだ大会において、主役の一人となったのは金足農業の吉田輝星（日本ハム）だろう。

ここでは、秋田県高校野球強化プロジェクトの協力を得て、金足農業時代の吉田の凄さを「球質データ」を使って紹介していきたい。

秋田県の高校野球強化プロジェクト

吉田のデータを公開するにあたり、秋田県の高校野球強化プロジェクトの存在を紹介する。

プロジェクトのスタートは2011年に遡る。夏の甲子園において秋田県勢が13年連続で初戦敗退を喫したことでこのプロジェクトが立ち上がり、実績豊富な指導者に助言を仰いだり、全国制覇経験校を招いて強化招待試合を行うなどの活動を行ってきた。

それら取り組みのひとつとして、ボールの回転の研究における第一人者であり、本書の監修を務める神事が投手のボールの回転や変化量といった「球質」の測定を毎年行うなど、スポーツ科学的な支援を行ってきた。

そこに参加していたのが吉田である。


本項では秋田県の許可を得た上で、2017年11月に測定された吉田の速球のデータから、その凄さを紹介したい。

吉田の速球はプロでも指折りの「ノビる」球質！

ここで紹介するのは吉田の「ボール変化量」だ。この指標を使ってまずは吉田のデータを高校生やプロの投手たちと比較してみよう〔図2－8〕。

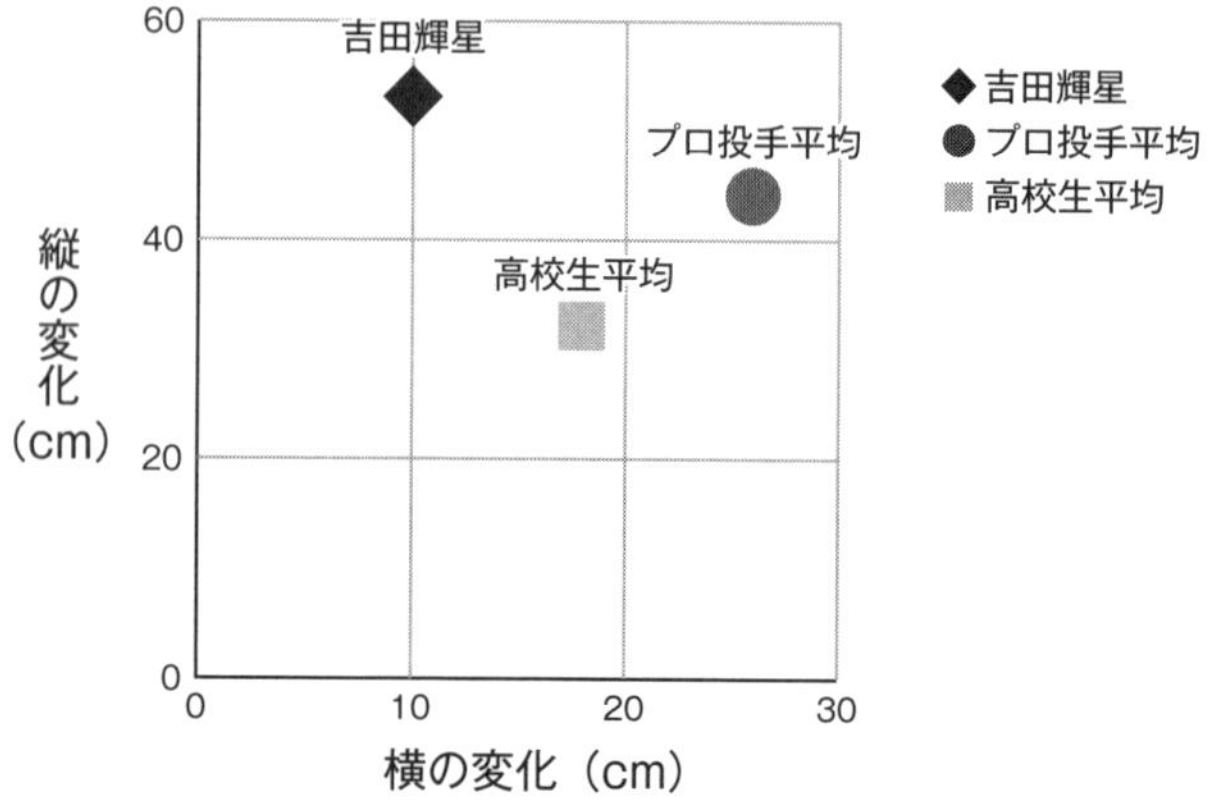

図2-8　速球のボール変化量比較。吉田は高校生はおろかプロ投手と比較しても屈指の「ノビる」速球を投球する

吉田の速球は非常に**シュート成分が少なく、ホップ成分が大きいいわゆる「真上にノビる」ような速球だ**。高校生平均よりも21センチもボールが上に到達するため、打者からすると見慣れている速球よりもボール2、3個分ノビてくるように感じる。空振りを量産するのはもちろん、打者が低いと判断したボールがストライクゾーンに来るため、見逃し三振の場面も多く見られた。

時期尚早かもしれないが、プロの投手たちと比較しても**速球のホップ成分は非常に大きく**、将来的にはプロのステージでも空振りを量産できる投手になっていくかもしれない。

ここでは、測定したボール変化量のデータ

から吉田の凄さを考えてきた。

しかしながら、本当の吉田の凄さとは、測定したこれらのデータを自分の上達に繋げる頭の良さなのかもしれない。先述の神事は、吉田の投球よりも貪欲に吸収しようとメモを取り質問する姿に強い印象を受けたという。〝高校生離れ〟しているのは球質だけではなく、偉業の裏側には「どうやったら上手になるのか」を自分自身で答えを見つけようとするトップアスリートの姿勢があったのかもしれない。

テクノロジーの進歩とともに、プレーにおいても見えなかったものが見えるようになってきた。経験や勘といったものだけでなく、客観的にプレーを評価し、上達に繋げる能力が今後求められていくのだろう。

13連敗からスタートした秋田県のプロジェクトが偉業を達成したことに敬服すると共に、吉田をはじめとした選手たちの今後の活躍に期待したい。

球質データで紐解く投手・大谷翔平の2018年

メジャー移籍1年目の昨季、開幕前の予想を覆し、見事新人王に輝いた大谷翔平は、「投手」として4勝という成績をマークした。しかし、シーズン中には右肘靭帯損傷が発覚。トミー・ジョン手術を行ったことで、2019年は打者専念が決まった。

ここでは大谷の2018年成績を振り返るとともに、その「球質」を分析し、復帰後の投手としての可能性を考えていきたい。

サイ・ヤング賞投手の資質あり？

まずは、大谷はどんなタイプの投手であるのかを見ていきたい。投手のリスク管理表を見てみる〔図2－9〕。

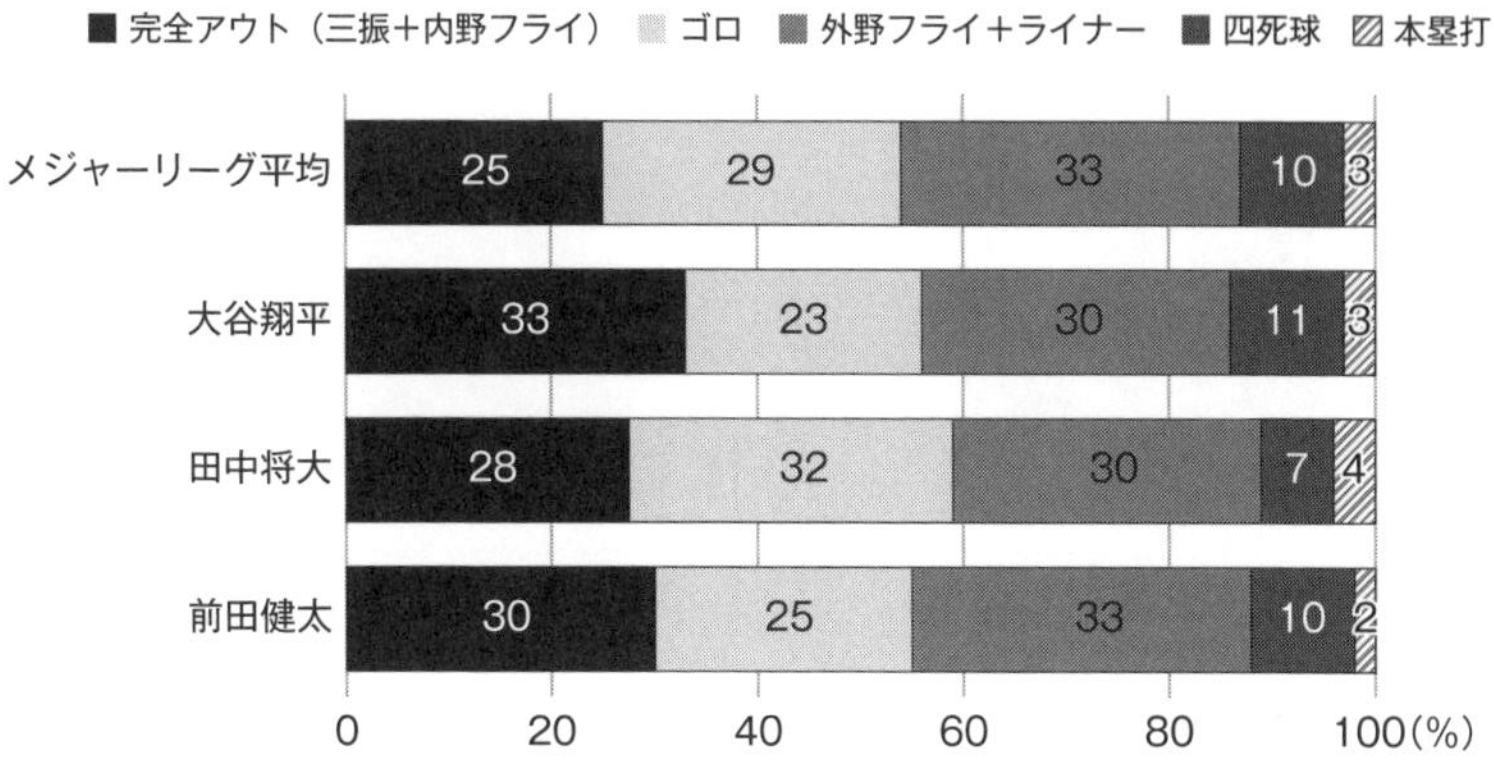

図2-9 投手のリスク管理表

投手は打者に対峙したとき、三振、エリア内打球（内野フライ、ゴロ、外野フライ、ライナー）、本塁打、四死球のいずれかのイベントが発生する。イベントによってアウトを獲得できる割合は異なり、三振やゴロといったイベントが多い投手は失点のリスクが低いといえる。

大谷のデータを見ると、メジャーリーグ平均と比べて**非常に高い完全アウト割合**を記録している。

この割合が大谷を超える投手はメジャー全体を見回しても11人しかおらず（先発で50イニング以上投球の180投手中）、それら投手をみると、ジェイコブ・デグロム（メッツ）、ブレイク・スネル（レイズ）の両サイ・ヤン

球種	空振り割合（%）	投球割合（%）
速球	20（18）	46
スライダー	39（34）	25
カーブ	31（31）	7
スプリット	56（35）	22

※カッコ内はメジャーリーグ平均

表2-3　大谷翔平の各球種の空振り割合

グ賞投手たちや、ジャスティン・バーランダー（アストロズ）、マックス・シャーザー（ナショナルズ）といったメジャーリーグを代表する投手たちが並ぶ。大谷の**三振を奪う能力はトップレベルの投手に遜色なく**、メジャーリーグを代表する投手になれるポテンシャルを有するといっても良いだろう。

圧倒的な空振り割合を誇る球種

球種毎の空振り割合を見ると全球種で平均以上の空振りであり、特にスプリットは非常に高い空振り割合を記録している〔表2－3〕。

半数近い投球割合である速球を中心に、決め球の**スプリットを駆使して三振を量産する**のが

球種	平均球速（km/h）	平均球速（%）	最高球速（km/h）	投球割合（%）
速球	156（150）	100（100）	163	46
スライダー	131（136）	84（ 91）	138	25
カーブ	119（126）	76（ 84）	128	7
スプリット	140（137）	90（ 91）	149	22

※カッコ内はメジャーリーグ平均

表2-4 大谷翔平の各球種の球速。速球の最高球速はメジャーリーグ6位の163キロを記録。

大谷のスタイルといえる。

速球やスプリットを中心に三振を量産していた大谷であるが、それらは「どんなボール」だったのか。まずは各球種の球速データを見ていく〔表2－4〕。

最大の特徴は速球の球速だ。大谷の速球は先発ながら**平均156キロと超高速**であり、最高球速も163キロよりも速い投手は全投手の中でも5人しかいなかった。

球速は速くなればなるほど、打者は判断する時間が短くなり空振りが増加する。打者は速球を意識せざるを得なくなり、変化球の威力も高まっていく。代名詞ともいえる球速は、メジャーリーグでも大きな武器となっている。

一方、長期離脱後の復帰登板で昨季最終登板となった9月3日のアストロズ戦では、球数が増えるにつれて球速が低下し、平均球速は153キロであった。リハビリ後に球速を取り戻せるかは今後の大谷にとって大きなポイントとなるだろう。

また、**変化球の球速は平均を下回る。**変化球の球速が速球の球速に近づくと軌道が速球と近くなり、打者は手元で変化するように感じやすい（厳密には手元で曲がることはないが）。メジャーリーグではこのように途中まで同じ軌道（トンネル）を通る組み合わせを「ピッチトンネル」と呼び、投手たちはピッチトンネルを構成する投球を目指している。大谷の変化球は既に空振り割合が高く、球速が速球に近づくと、さらに打者が打ちにくくなるかもしれない。

速球のホップ成分は平均的！　スプリットは真縦に沈む!?

続いて「ボール変化量」の指標で球質を分析していく。

大谷の2018年の全投球のボール変化量と、メジャーリーグ平均（黒丸の中にボールのイラスト）を重ねてみる〔図2−10〕。

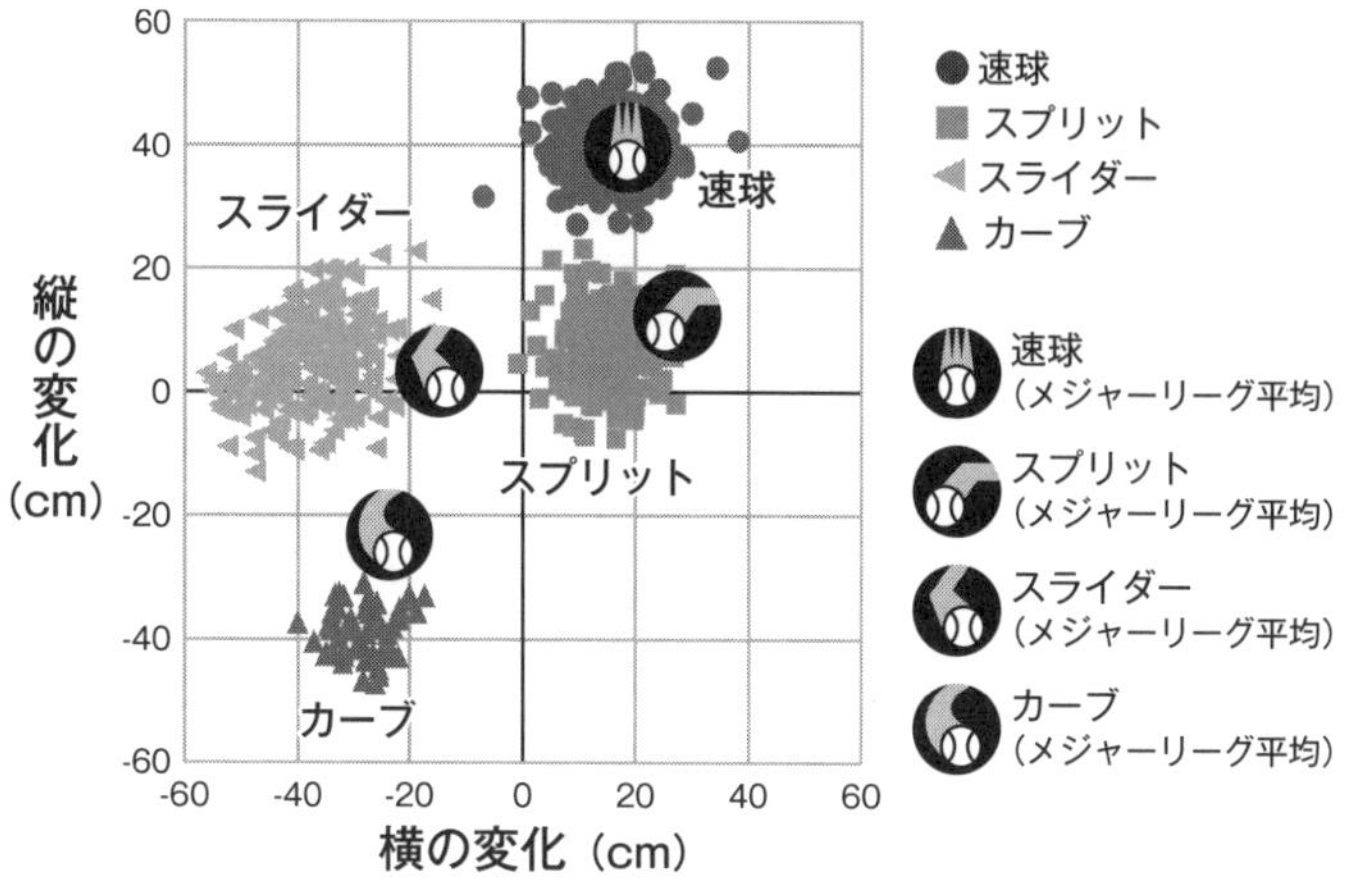

図2-10 大谷のボール変化量

まずは速球に注目する。大谷の速球は平均と比べるとやや**シュート成分の少ないカット系の球質**である。速球のホップ成分は平均的で、いわゆる「ノビ」が大きな球質ではない。あまり空振りを量産できる球質ではなく、圧倒的な球速で勝負するタイプの速球といえるだろう。

スプリットの落差は非常に大きい。

また、一般的な投手のスプリットは自身の速球よりもシュート成分が大きいが、大谷のスプリットはほとんど変わらず真縦に沈むような変化になっている。スライダーやカーブの変化量も特徴的で、球速が遅くとも空振りが多い

球種	回転数 (rpm)	横変化 (cm)	縦変化 (cm)
速球	2164(2263)	16(19)	41(40)
スライダー	2319(2394)	-38(14)	5(　4)
カーブ	2360(2494)	-28(-24)	-39(-23)
スプリット	1305(1429)	14(28)	6(12)

※カッコ内はメジャーリーグ平均

表2-5 大谷翔平の各球種の回転数とボール変化量

所以であろう〔表2－5〕。

投手・大谷が飛躍するための3つのポイント

ここまで大谷の成績と球質を見てきたが、**三振を奪う能力が非常に高く**、メジャーリーグを代表する投手になる資質は持っている。そこで、復帰後さらに飛躍するためのポイントを考えたい。

【速球の球質改善】

先発投手としての速球の球速はメジャーリーグでもトップクラスであり、大きな武器となる。球質がより「ノビ」のある球質となれば速球の空振りはさらに増加するだろう。ホップ成分の大きな速球を投球するには「回転軸」をきれいなバックスピンにする必要がある。リハビリ期間はフォームやリリースを見直す絶好の機会でもある。復帰後の球質を楽しみにしたい。

【変化球の球速アップ】

先述したように大谷の変化球は速球との球速差が大きい。すでに変化球の球質に特徴を持つため、球速がさらに高まり速球の軌道に近いような変化球となれば鬼に金棒だろう。例えば田中将大のスプリットは、速球比94％～95％の球速で投球するためピッチトンネルを構成しやすく、打者は球種の判別が非常に困難となる。大谷ほどの速球の球速でピッチトンネルを構成したならば、もはや決め球ではなく「魔球」と呼ばれる日も遠くないだろう。

【ゴロを打たせるボールの習得】

年間通して長いイニングを投球する投手を目指す上では、早いカウントでゴロを打たせるのも有効だ。今後目指す投手像にもよるが、サイ・ヤング賞投手は三振もゴロも両方奪えるハイブリッドなタイプの投手が多い。どのような投手になるかにあたって注目のポイントかもしれない。

メジャーリーグ1年目から、あれほどの活躍を予想したファンは多くなかったはずだ。残念ながら2019年は「打者」大谷しか見られないが、復帰した暁には投手としてもまだまだ多くの可能性を見せてくれることにも期待したい。

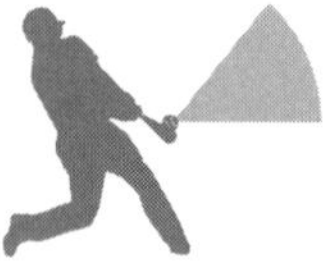

トラッキングデータで徹底解剖！

サイ・ヤング賞投手と比較して見えた大谷翔平の凄さ【変化球編】

デビューイヤーからメジャーリーグで大きなインパクトを残した大谷翔平。ここでは「投手大谷はどれくらい凄いのか」を探るため、大谷と日米のエースのボールを比較していこう。Ｐ１２４の「速球編」に続き、「変化球編」と題して大谷の武器であるスプリットとスライダーの２球種をトラックマンデータから比較した。

まずは、大谷の武器であるスプリットのデータを比較する。図２－11は、各投手のスプリットのボール変化量を見たものだ。名前の後ろの％は、速球とその球種の球速の比（球速割合）を示す。高ければ高いほど速球に近い球速での投球となる。

大谷、田中将大のスプリットはメジャーリーグ平均と比べて落差が非常に大きかった。

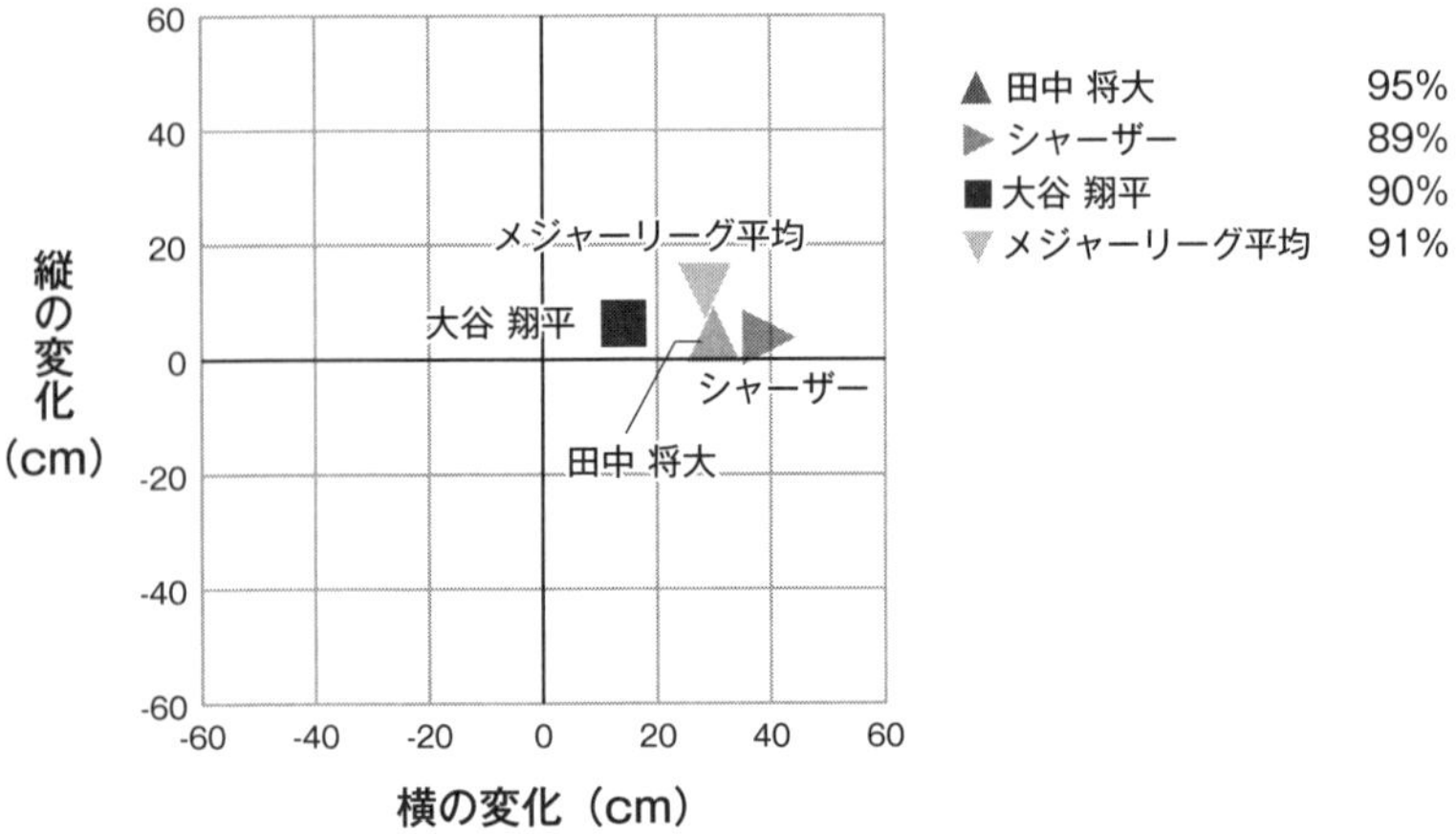

図2-11 スプリット（チェンジアップ）の球速割合と変化量比較（※シャーザーはチェンジアップ）

また、田中の球速割合を見ると95％と非常に高い。速球に見えて急激に沈むように錯覚するボールだ。

マックス・シャーザーはチェンジアップであるが、変化や球速割合はスプリットに近く、大谷や田中のスプリットより大きな落差であった。「来ない」チェンジアップというより「落ちる」チェンジアップで、空振りを狙えるボールだろう。

大谷のスプリットは球速割合こそやや平均を下回るものの、**落差が非常に大きく田中に匹敵する**変化だった。さらに、シュート成分が少ないのが特徴で、速球に近い軌道で真縦に大きく落ちるようなボールだ。田中やシャーザーといった投手たちに劣らない決め

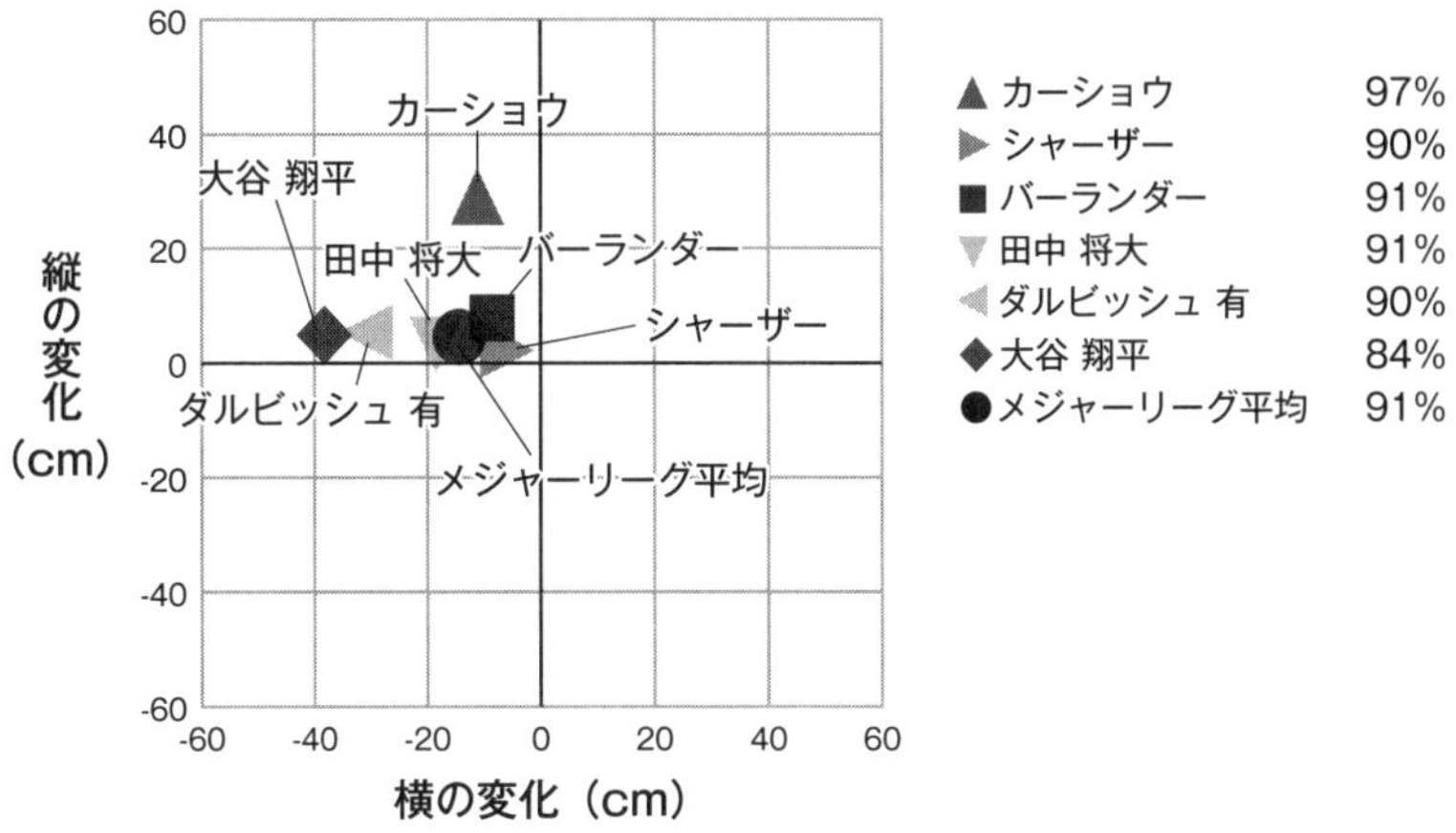

図2-12 スライダーの球速割合と変化量比較

球といえるだろう。

スライダーは球速がカギ？

続いて、スライダーのデータを見ていこう。スプリット同様変化量と球速割合を比較していく〔図2－12〕。

大谷のスライダーは**ダルビッシュ有（カブス）に似た変化で、横変化は最も大きかった。**一方で、球速割合は他の投手と比べて非常に低かった。速球との球速差が大きく横変化が大きな大谷のスライダーは、投げた瞬間に一度3塁側に膨らむような軌道になりやすい。打者からすると**他の球種との見分けがつきやすくなってしまう**弱点もあるのだ。

逆に、クレイトン・カーショウのスライダーは横変化が小さくホップ成分が大きい。さらに球速割合が97％と非常に高いため、ギリギリまで速球と同じ球種に見えるのだ。このようにスライダーは横変化の大きさだけでなく、球速とのバランスも非常に大切なのだ。

大谷のスライダーの大きな横変化は魅力のひとつだ。球速が少しでも速球に近づけられれば、スライダーだけでなく他のボールも活かせるような球種となるかもしれない。

大谷は球速が速い変化球投手!?

大谷と日米エースの比較を【速球編】、【変化球編】にわたって紹介してきた。

大谷の速球は球速が圧倒的だ。その球速に注目が集まりがちだが、意外にも球質は平均的なものであった。

一方、変化球はスプリット、スライダーともにサイ・ヤング賞投手たちに劣らない大きな変化量を見せ、変化球が武器といっても過言ではないくらいのボールを有していた。

変化球の観点でいえば、それぞれの球種の球速が速球に近づき、「途中までどの球種か分からない」ような投球術を身につけることができれば、さらにハイレベルな投手になるに違いない。

課題とともに感じる投手大谷の大きな可能性にこれからも注目していきたい。

定説・投球論を検証
真っ向勝負は時代遅れ？

「真っ向勝負」と聞くとどんなイメージを思い浮かべるだろうか。

多くの人間が「投手が変化球に頼らず、速球だけで勝負する」姿を想像するだろう。

ここでは、イベント毎のリスクという観点から、速球について意外な事実を紹介したい。

万国共通！　投球の中心は速球

イベント毎のリスクを考える上で、速球がどの程度投球されているのかを見てみよう。

２０１８年の全投球から、イベントが発生した約33万球を球種別に分類する〔図２－13〕。それによると、**速球は36％と最も投球割合が多い**球種となっている。日本で速球は投球の中心となっているが、メジャーリーグでもやはり速球は投球の中心であるといえる。

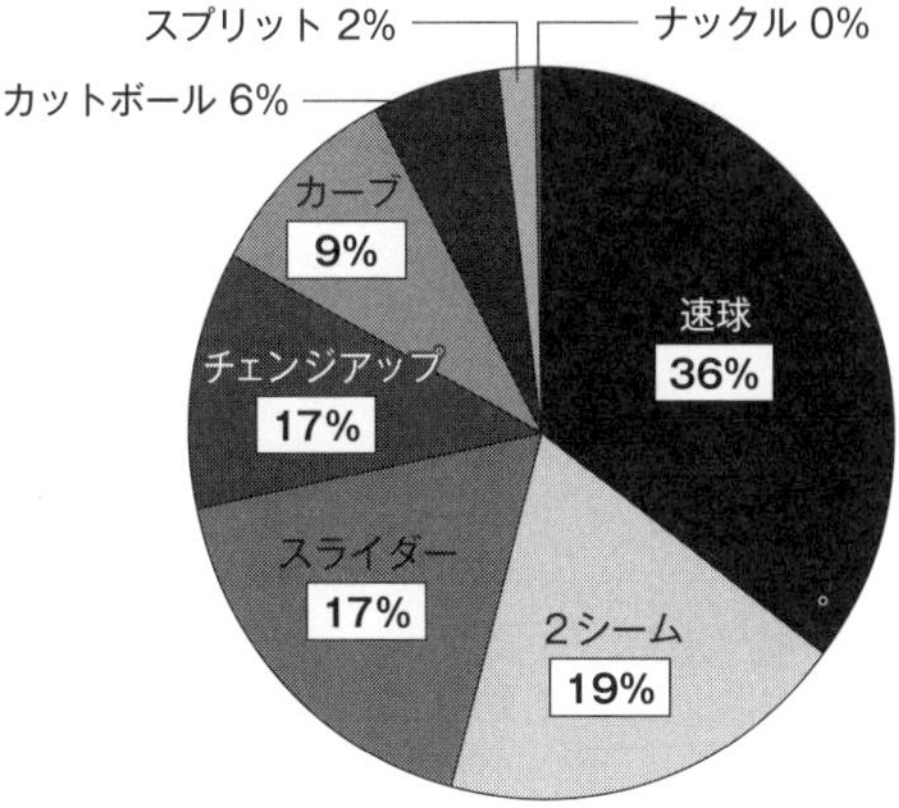

図2-13 2018年メジャーリーグにおける球種別投球割合

最も打たれるのは速球？

ここでイベント毎のリスクの考え方を紹介する。

打者がスイングを行うことで、イベントは発生する。イベントは空振り・ファール・ゴロ・ライナー・内野フライ・外野フライのどれかに分けることができる。

イベント毎にリスクを考えた場合、**最もリスクが低いのは空振りだ**。また、ゴロもフライやライナーと比べて長打の可能性が圧倒的に低く、リスクが低いということになる。

では、球種別のイベント発生割合はどのように変化するのだろう。２０１８年に投球されたうち、イベントが発生した約33万球を分

球種	空振り/スイング	内野フライ	ゴロ	外野フライ+ライナー	ファール
速球	18%	3%	13%	**20%**	46%
2シーム	13%	2%	25%	19%	41%
スライダー	34%	3%	15%	16%	32%
チェンジアップ	30%	2%	20%	17%	32%
カーブ	32%	2%	17%	17%	33%
カットボール	23%	3%	16%	18%	40%
スプリット	**35%**	2%	18%	13%	32%
ナックル	19%	4%	24%	16%	37%

表2-6 2018年メジャーリーグにおける球種別イベント内訳

析した〔表2－6〕。

表2－6を見ると、**最も空振りを多く奪っているのはスプリット**。一方で速球、2シームは空振り割合がスプリットの約半分以下だ。

特に速球は空振りやゴロが少なく、外野フライとライナーが多いという、リスクが最も高いボールとなっている。

次に球種別の打球特性を見てみよう〔表2－7〕。

速球は飛距離が圧倒的に大きい球種となっている。残念ながらここでも速球は、最もリスクが高い球種といえる。

投球割合も多く、投球の中心でもある**速球は、実は最も打たれやすい球種**なのだ。これを意外かつ残念な結果に感じる方も多いのではないだ

球種	平均打球速度（km/h）	平均打球角度（°）	平均飛距離（m）
速球	**144**	**17**	**59**
2シーム	143	6	45
スライダー	138	13	51
チェンジアップ	137	9	47
カーブ	140	9	49
カットボール	139	12	51
スプリット	138	6	45
ナックル	138	8	44

表2-7 2018年メジャーリーグにおける球種別打球特性

ろうか。

速球の時代はもう来ないのか

データを探ると、速球は最も打たれやすいボールであるという結果になった。では、速球は今後、廃れてしまうのか――。

結論からいうと、そんなことはない。近年ではフライボール革命が起こり、打球を持ち上げるような打撃が一般的になった。アッパースイングの打者が増加すると、スライダーやスプリットといった落ちる変化球は以前のように空振りを奪えなくなる。

そして逆に、速球に弱点を持つ打者が増加するかもしれない。すでに高めの速球を武器に活躍した上原浩治のような例もある。

打者の方策が変わるにつれて、速球のトレンドは再びやってくる可能性が高い。データの普及により、有効なボールは常に変わっていくからだ。

トラッキングデータで徹底解剖！
速球の球質で見る新外国人選手

２０１８年オフ、プロ野球界では、菊池雄星がメジャーリーグに、丸佳浩が巨人に移籍するなど、優勝チームからそれぞれ「核」と呼ばれる選手が抜けた。

混戦が予想される２０１９年のペナント争い。チーム浮沈のカギを握る要素のひとつに「新外国人選手の活躍」が挙げられる。

いわゆる「当たり、外れ」で明暗が大きく分かれる新外国人選手の成績は、チームのシーズン成績にも直結することが多い。

そこで本項では、２０１９年に来日した新外国人投手のデータを分析。２０１８年にメジャーリーグで投球していた全10投手の速球に関するデータを紹介していきたい。

まずは、球速ランキングを見てみたい。昨シーズンの速球（※一部投手は２シーム）の平均球速と投球割合をまとめた〔表２－８〕。

順位	名前 （チーム名）	球速 （km/h）	割合 （%）
1	ハンコック（日本ハム）	155	72
2	ブセニッツ（楽天）	153	61
3	ロメロ（中日）	153	69
4	バーベイト（日本ハム）	152	49
5	クック（巨人）	153	57
6	レイビン（ロッテ）	151	34
7	ジョンソン（阪神）	151	50
8	ブランドン※（ロッテ）	148	58
9	ローレンス（広島）	146	22
10	ニール※（西武）	145	60
ー	メジャーリーグ平均	150	35

※ブランドン、ニールは速球を投球していないため２シームのデータ。

表2-8　新外国人投手の2018年速球平均球速ランキング

平均球速１位は日本ハムのハンコックで、なんと155キロであった。これはメジャーリーグでもトップクラスの平均球速で、2019年は来日1年目ながら開幕からクローザーを任された。不調もあり、一時は登録抹消を余儀なくされたが、本来の投球ができれば一定の成績は残せるはずだ。

また、球速が２番目に遅かった（速球だと最下位）広島の**ローレンスは、速球の投球割合が非常に低い**のが特徴だ。「速球をあまり投げない」という日本では珍しいタイプだが、日本野球への順応にやや苦労している印象だ。

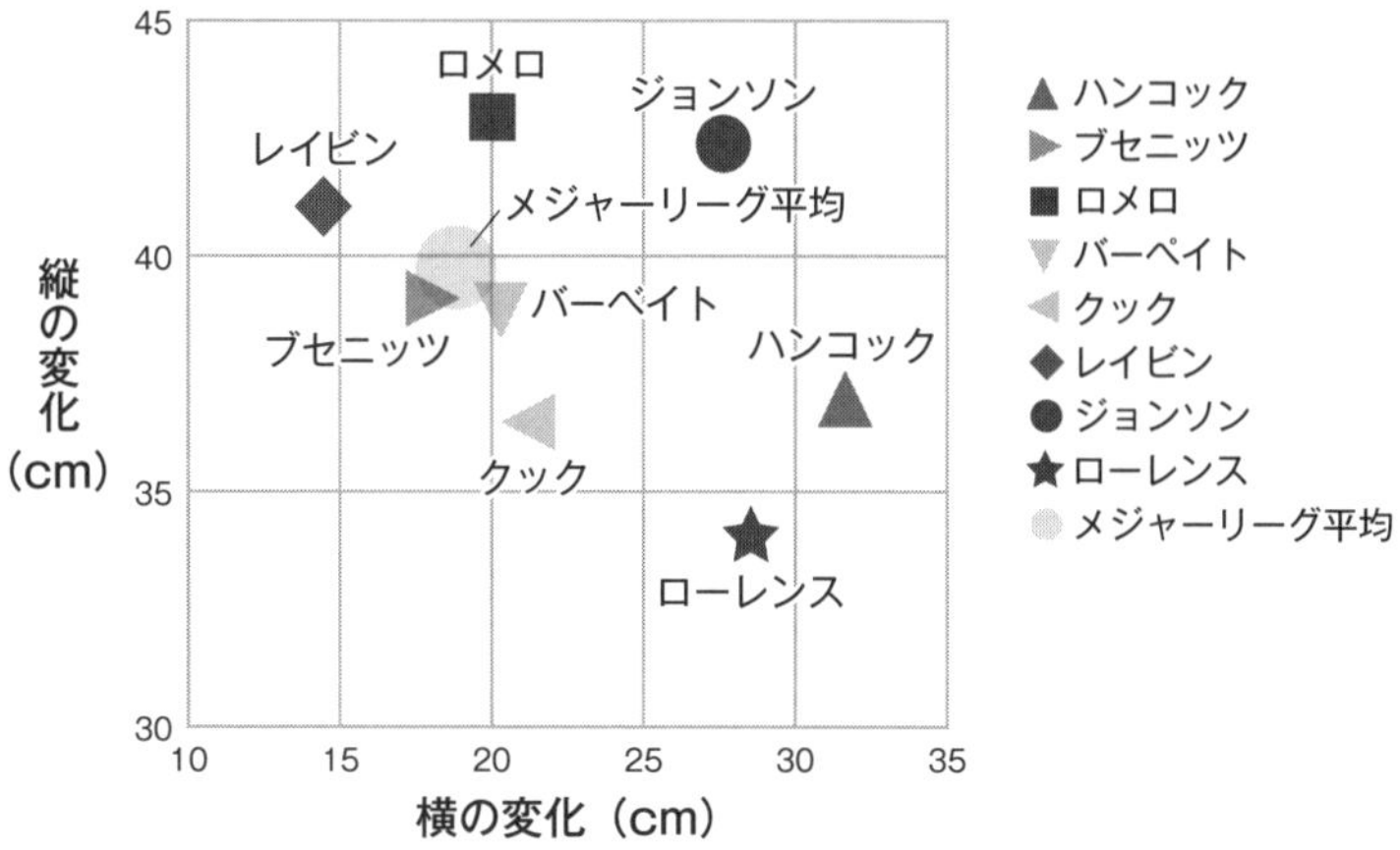

図2-14 新外国人投手の2018年速球のボール変化量比較
（※左投手は横変化を反転）

球質でタイプ診断！

続いて、それぞれの投手の速球の「球質」を「ボール変化量（P118参照）」の視点で見ていこう。

速球を投球した8投手の2018年データをメジャーリーグ平均とともにまとめた〔図2－14〕。

最もホップ成分が大きかったのは中日のロメロであった。すでに他項でも説明した通り、ホップ成分が大きな速球は、打者からすると「ノビ」てくるような軌道に感じやすい。

阪神移籍のガルシアの穴埋めを期待されたが、グラウンドボーラーのガルシアとは違い空振りやフライアウトを狙うスタイルで開幕ローテーション入りを果たしている。

ホップ成分が2番目に大きいジョンソン（阪神）は、開幕からセットアッパーとして活躍。速球を武器に高い奪三振率を誇り、勝利の方程式に完全に定着している。

また、巨人の新守護神として期待されたクック（巨人）はメジャーリーグ平均よりもホップ成分が小さい。フライよりもゴロが増えやすく、実際にクローザーとしては低めの奪三振率を記録している。ただし、平均球速は150キロを超えており、「球質よりも球速」で空振りを奪ったり打者を打ち取るタイプの投手といえるだろう。

トラッキングデータを使った選手の新たな獲得方法

このようにどんなボールを投球するかが数値で表現でき、打ち取り方がイメージできるようになると、外国人投手の獲得方法も大きく変わってくる。

例えば「本拠地が広いチームはフライボールピッチャー」「内野守備が固いチームはグ

ラウンドボールピッチャー」といった自チームの特性に合った補強を行うこともできる。加えて、「柳田悠岐が苦手なタイプ」といったライバルチームのキーマン対策としての獲得も、今後は増えてくるかもしれない。

ボール変化量と球質データで紐解く
柿木蓮、根尾昂、横川凱の球質

元号が平成から令和へと変わり、プロ野球界も新たなフェーズへと突入した。

その象徴ともいえるのが２０１８年、高校野球界を席巻したスーパールーキーたちの存在だ。

特に夏の甲子園を史上初となる2度目の春夏連覇で締めくくった大阪桐蔭勢は、根尾昂、藤原恭大、柿木蓮（日本ハム）、横川凱（巨人）の４人をプロに輩出。多くのファンから注目を集めている。

ここでは、そんな大阪桐蔭の選手のうち柿木、根尾、横川の３投手（根尾はプロでは内野手）の高校時代の球質データを紹介していきたい。

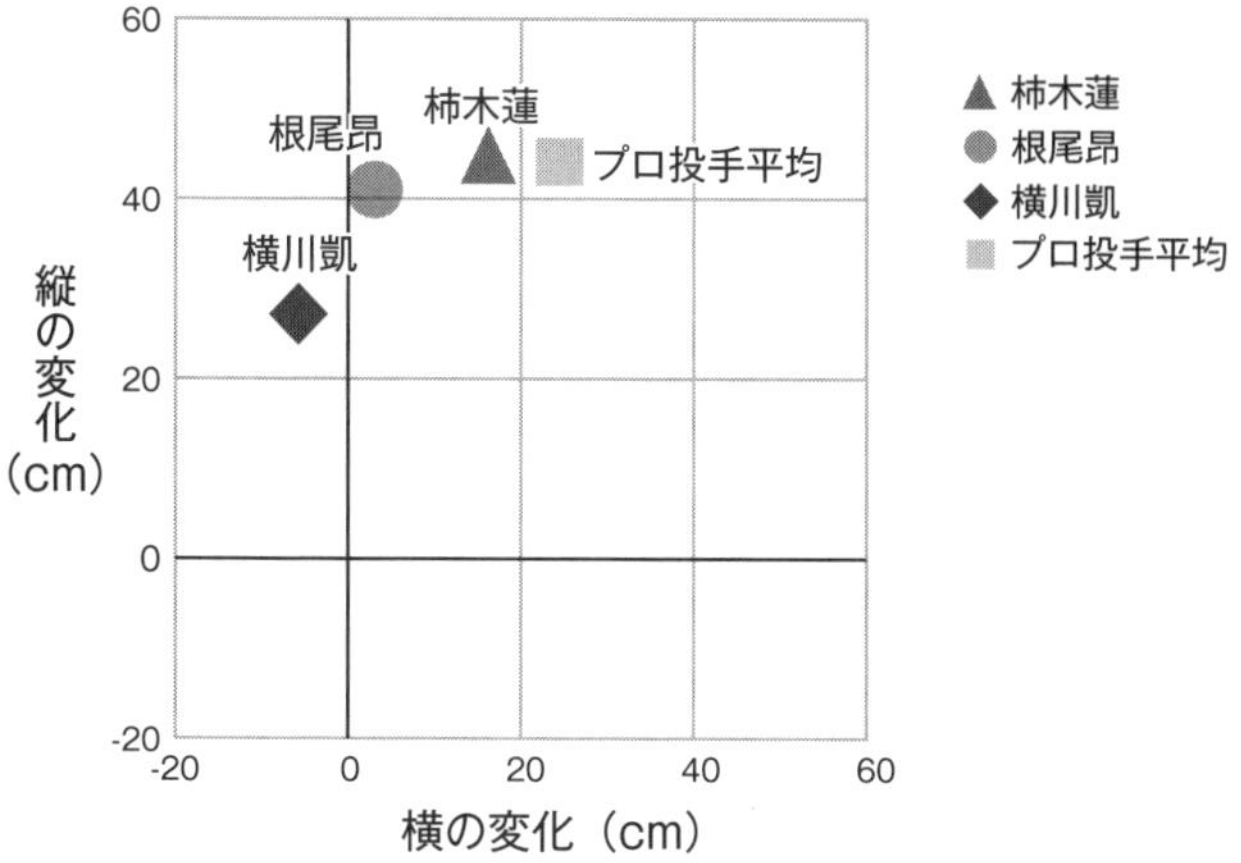

図2-15 **速球のボール変化量比較。タイプの違う3投手が揃う**
（※データは3投手とも高校3年時点のもの。横川は左腕のため横変化を反転）

特徴ある三者三様の球質

3投手の速球の球質を見てみよう。まずは「ボール変化量」で球質を分析して、3投手の速球をプロ投手のデータと比較してみる〔図2－15〕。

柿木の速球は3投手の中で最もホップ成分が大きい。 ホップ成分が大きな速球は打者が「ノビ」を感じやすく、すでにプロ平均とほぼ同じ数値であった。

根尾の速球はシュート成分が小さい。 ややカットボールに近い変化のストレートで、日本人メジャーリーガーだとダルビッシュに近い球質といえる。

横川の速球は、ホップ成分が非常に小さ

名前	回転数 (rpm)	回転軸角度 (°)	横変化 (cm)	縦変化 (cm)
柿木蓮	1976	77	18	44
根尾昂	2242	51	4	41
横川凱	2078	39	−5	27

※横川は左腕のため横変化を反転

表2-9 速球の球質データ。横川や柿木は特殊な回転軸角度
（※データは3投手とも高校3年時点のもの）

い**「沈む」タイプ**だが、それ以上に特徴的なのが横の変化だ。ほとんどの投手の速球がシュート変化しているが、横川の場合はシュートせず、**むしろスライド方向に変化**している。見慣れない軌道で打者に向かう非常に特殊な球質といっていいだろう。

3選手の今後の成長は？

それぞれ非常に特徴的な3投手であったが、彼らの今後の成長のポイントを考えてみたい。

球質データをさらに細かく見てみよう〔表2－9〕。

【根尾昂】

回転数が最も多かったのは根尾投手だった。**球速や回転数に大きなポテンシャルを持つ**。回転軸角度が大きく（バックスピン）なれば、ホップ成分はさらに大きくなりプロでも空振りを量産できるようになるだろう。ご存じの通りプロでは内野手一本でプレーしているが、投手としてもこれほどの能力を持っていることは、「驚き」の一言に尽きる。

【柿木蓮】

回転軸角度がもっとも大きいのが柿木だ。回転軸角度が大きく綺麗なバックスピンに近いと、多くの揚力を獲得することができる。

現状ではホップ成分はプロ平均程度であるものの、回転軸は綺麗なため、このまま身体ができて球速や回転数が高まると、非常に「ノビ」の大きなストレートを投球できるだろう。藤川球児（阪神）のような速球を目指せる資質を持つ投手だ。

【横川凱】

横川は回転軸角度が小さく、**ジャイロ回転に近い回転の速球**を投げている。非常に特殊な変化で、ゴロを量産できるような球質である。空振りを量産するようなボールを目指すのか、このままグラウンドボーラーを目指すかで育成は大きく変わりそうだ。左腕、身長

190センチ、**特殊な球質と非常に希少性の高い素材**であるため、どのような投手になるのか楽しみだ。

大阪桐蔭の指導はアマチュア野球界のモデルケース？

ここではプロ野球選手としてスタートを切ったばかりの3投手を分析したが、このような三者三様の特徴を持つ投手を育て上げ、プロの世界へと送り込んだ大阪桐蔭高校の指導力にも驚かされる。

画一的な指導では、このような様々なタイプの投手達は育たず、投手の球質やタイプに応じた指導があったのであろう。

データや測定機器の普及で、球質や投手の能力が「見える」ようになってきた。それぞれの選手毎の「テーラーメイド型」指導は今後指導者に求められる新しい資質なのかもしれない。

定説・投球論を検証
〝球持ちの良さ〟は本当に重要なのか？

「あの投手は球持ちが良いからいい投手」「打者の近くでボールをリリースしろ」

このように「球持ち」を肯定する指導者や解説者の言葉を耳にしたことがあるだろう。

しかしながら、本当に「球持ちの良さ（長さ）」は有効なのだろうか。

エクステンションとは？

ここではトラックマンで取得できる「エクステンション」というデータを使う。このデータは、ボールリリース時のピッチャープレートからリリース位置までの「ホームベース方向」の距離で、イメージとしては投手の真上（上空）から見たプレートとリリース位置の

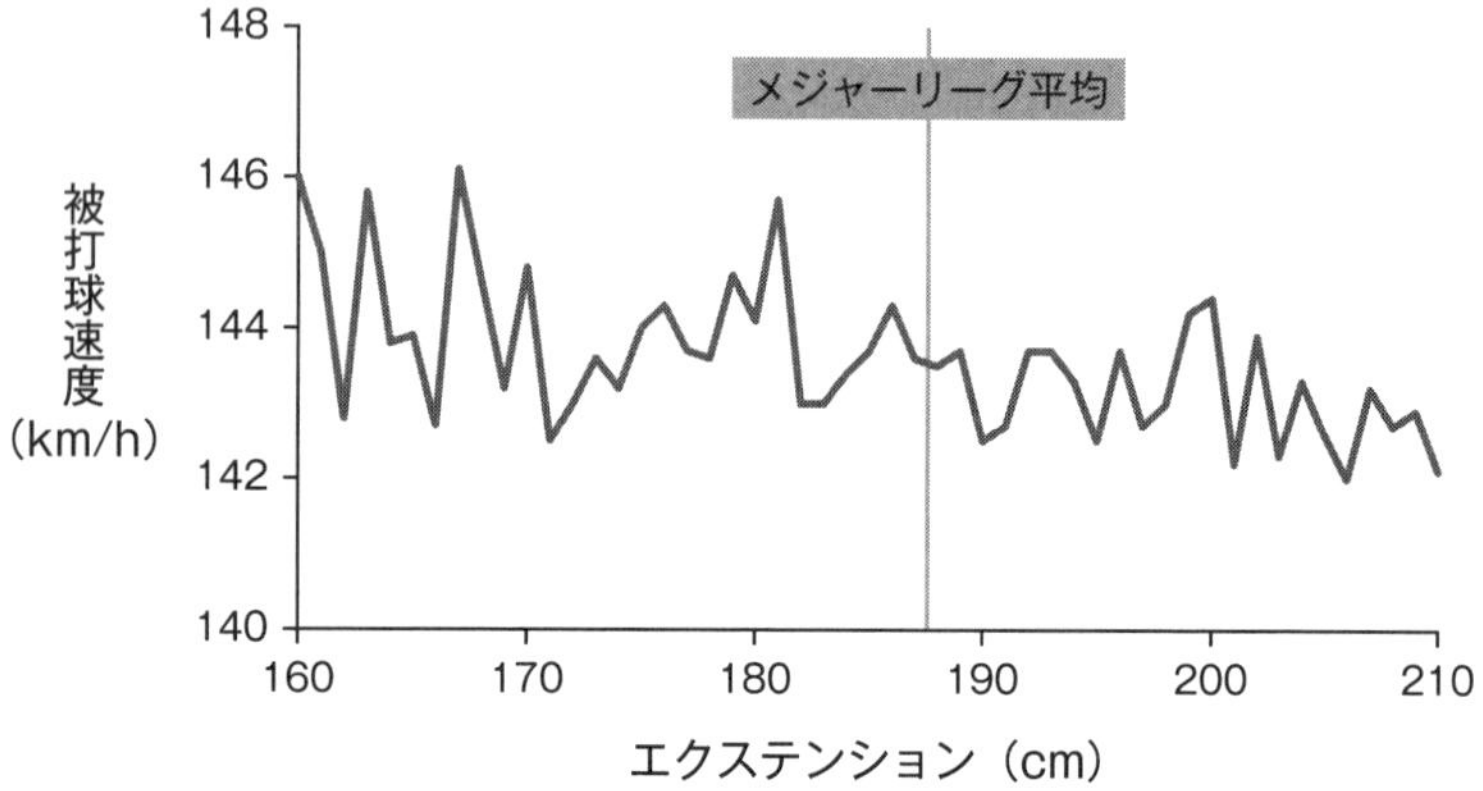

図2-16 2018年メジャーリーグにおけるエクステンション1センチ毎の平均被打球速度

差だ。

この位置はあくまでマウンドを基準にした距離であり、いわゆる球持ちとは厳密には一致しないことに留意しつつ本項では分析を進めていく。

打者に対する「球持ち」の効果

球持ちの効果を検証する前に、なぜ指導者や解説者が球持ちを肯定するかを考える。球持ちを支持する理由として、主に以下のふたつが考えられる。

ひとつは相手打者の打ちにくさ、もうひとつは投手が投げるボールの良し悪しである。

本項では２０１８年にメジャーリーグで投球

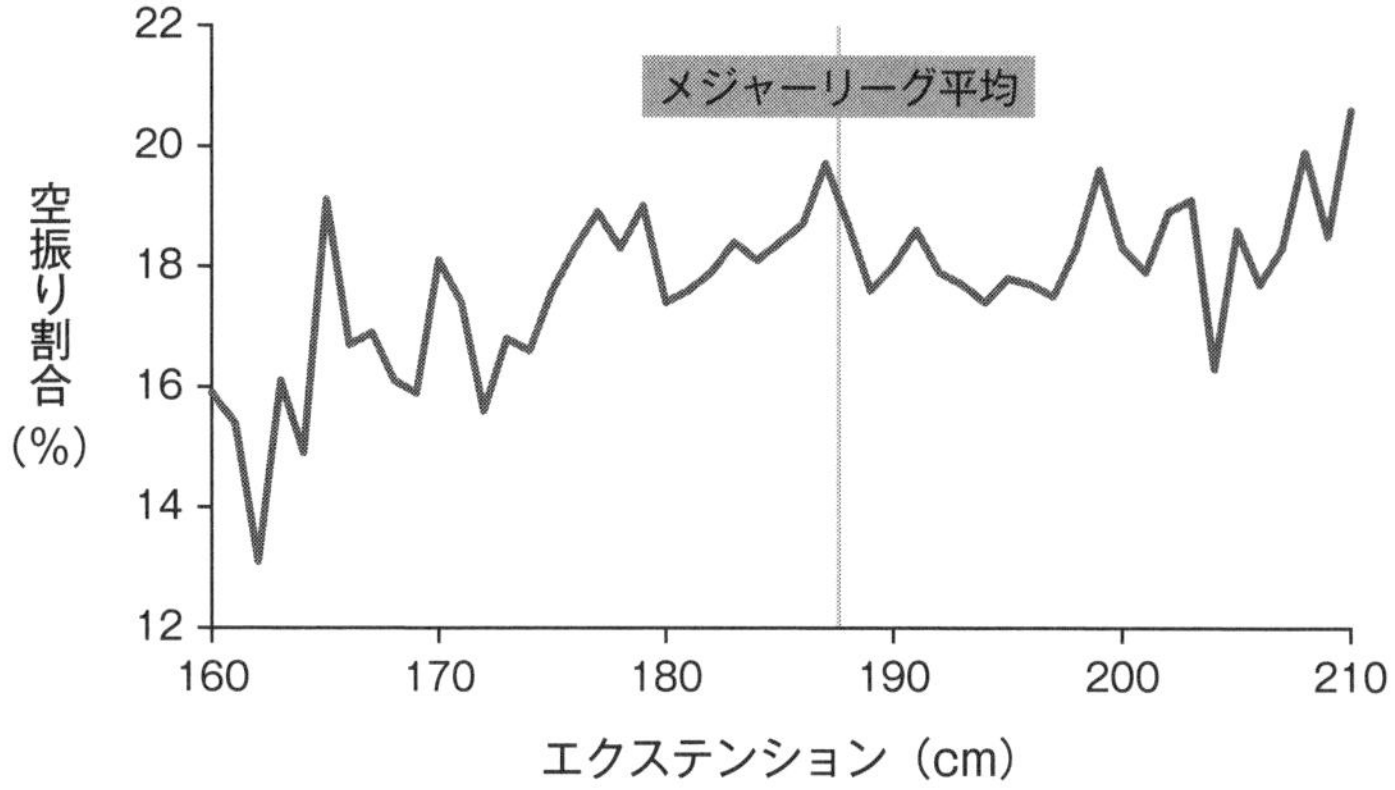

図2-17 2018年メジャーリーグにおけるエクステンション1センチ毎の空振り割合の関係

された全速球約25万球よりエクステンション1センチ毎の各データの変化を分析し、投打の両面から球持ちの効果を考えていく。

まずは、エクステンションの長さが相手打者にどのような影響を与えているのかを見ていく。図2－16にエクステンションと平均被打球速度の関係を示した。

バラツキこそ大きいものの、**エクステンションが大きくなるにつれて少しずつ打球速度は低下**していることが分かる。

また、空振り割合との関係を見ても、**エクステンションが大きくなるにつれて少しずつ空振りが増加**していることが分かる〔図2－17〕。

これらの結果を考えると、僅かではあるも

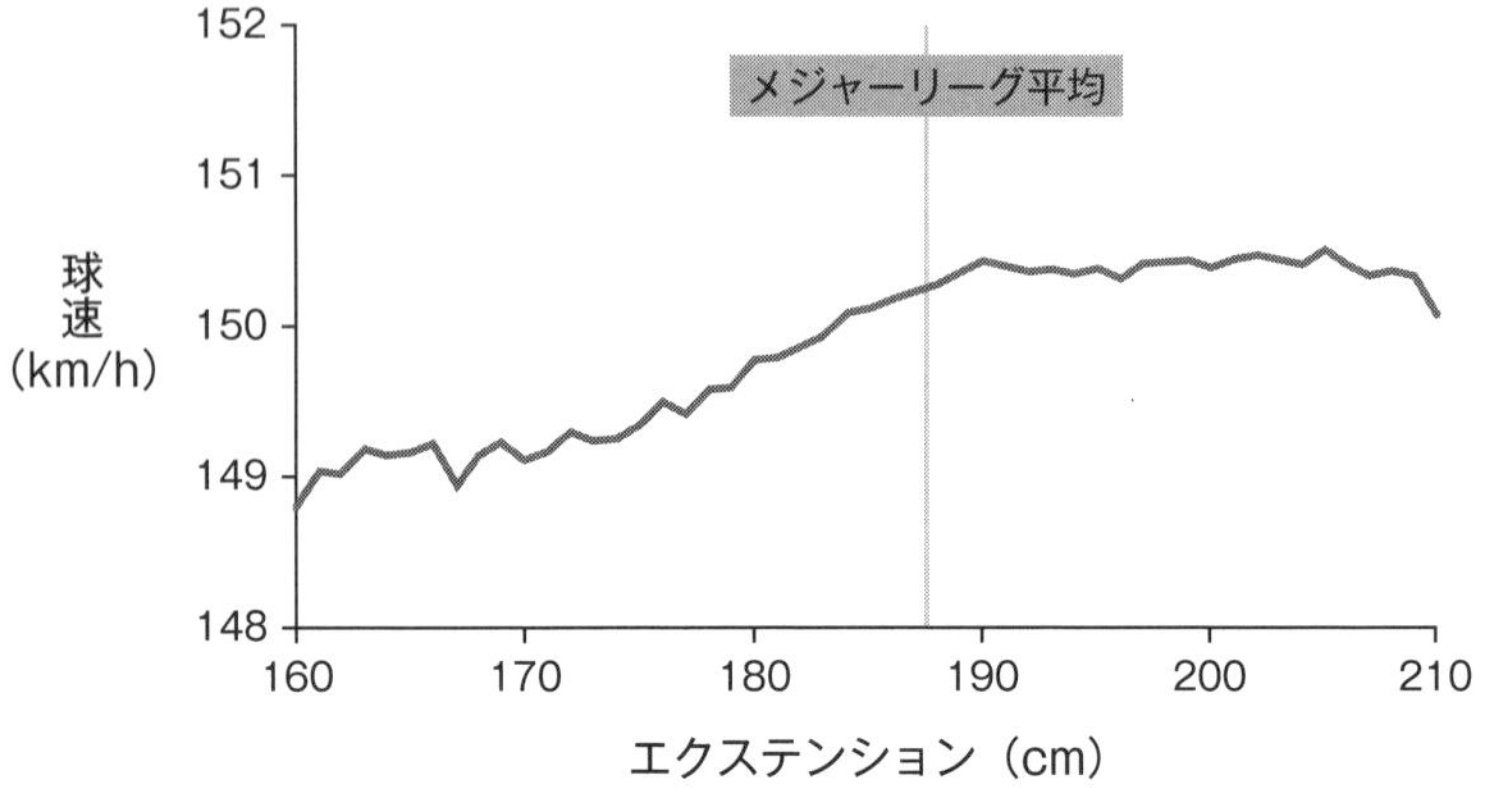

図2-18 2018年メジャーリーグにおけるエクステンション1センチ毎の平均球速

の定説通り「球持ちが良いボールは打者が打ちにくい」ように感じる。

しかしながら、安易に「球持ちの効果」を判断してはならない。本当に球持ちの効果であるかという問題を考えなければならないのである。

投球するボールの「球持ち」効果

次に、投手のボールという観点からデータを見てみたい。図2－18にエクステンションと平均球速の関係を示した。

平均を越えるあたりまではエクステンションが大きくなるにつれて球速が速まっている。力積（※力が作用した時間と、その力と

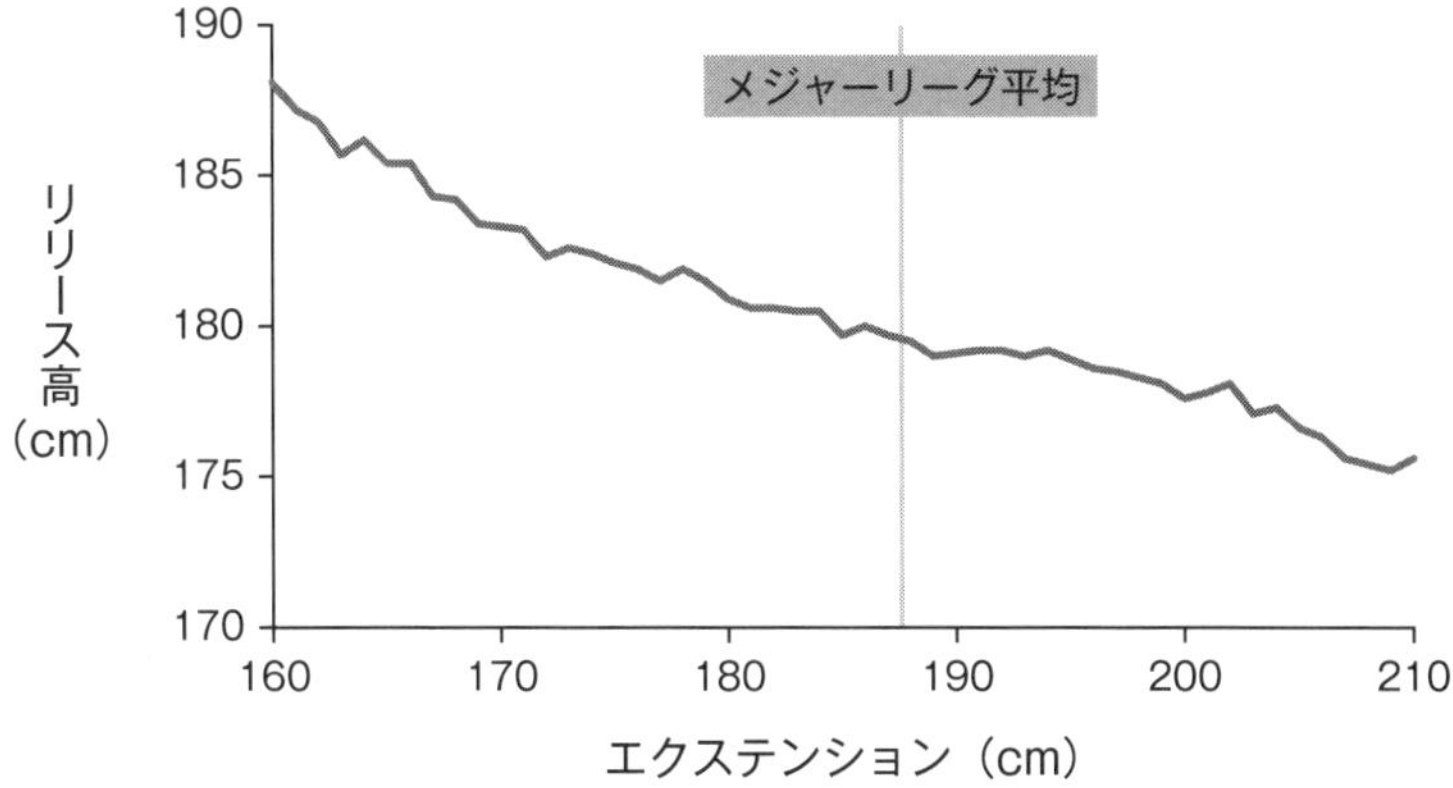

図2-19 **2018年メジャーリーグにおけるエクステンション1センチ毎の平均リリース高**

の積）を考慮すると、エクステンションが大きくなると**ボールに長い時間力を与えることとなり、スピードが速まりやすい**のかもしれない。

空振り割合は球速と高い相関にある。先述した空振り割合にも少なからず球速の効果が影響していると推察される。

また、続いてエクステンションとリリース高の関係を見る〔図2−19〕。

エクステンションが大きくなるにつれてリリース高が低くなっている。オーバーハンド、スリークォーターハンドの投手がいわゆる前でボールをリリースしようとすると、リリース高は低くなっていくのであろう。

リリース高が低くなると、**打者に向かう**

ボールの入射角は小さく（水平に近く）なる。速球はボールの入射角が小さくなるにつれて空振り割合が高まることも分かっており、こちらも空振り割合に影響している可能性が高い。

整理すると、エクステンションが大きくなるにつれて空振り割合が増加しているが、それらには球速や入射角度の効果が影響してる可能性があり、必ずしも**球持ち「だけ」を肯定するデータとはなり得ない**のである。

球持ちの良さは球速を高める効果があるのか

ここまで投打の観点から球持ちの効果を考えてきた。打球速度や空振り割合はエクステンションが大きくなるにつれて、やや良化しているが、球速や入射角度の影響が強く、球持ちだけの効果とは言い切れない結果であった。

ただし別観点から考えて、もし球持ちの良さが球速を高めているのであれば、結果的に効果的であることとなる。球持ちと球速の関係についてもう少し考えていきたい。

図2－18のデータでは、エクステンションが高まると球速が速まっており、一見球持ち

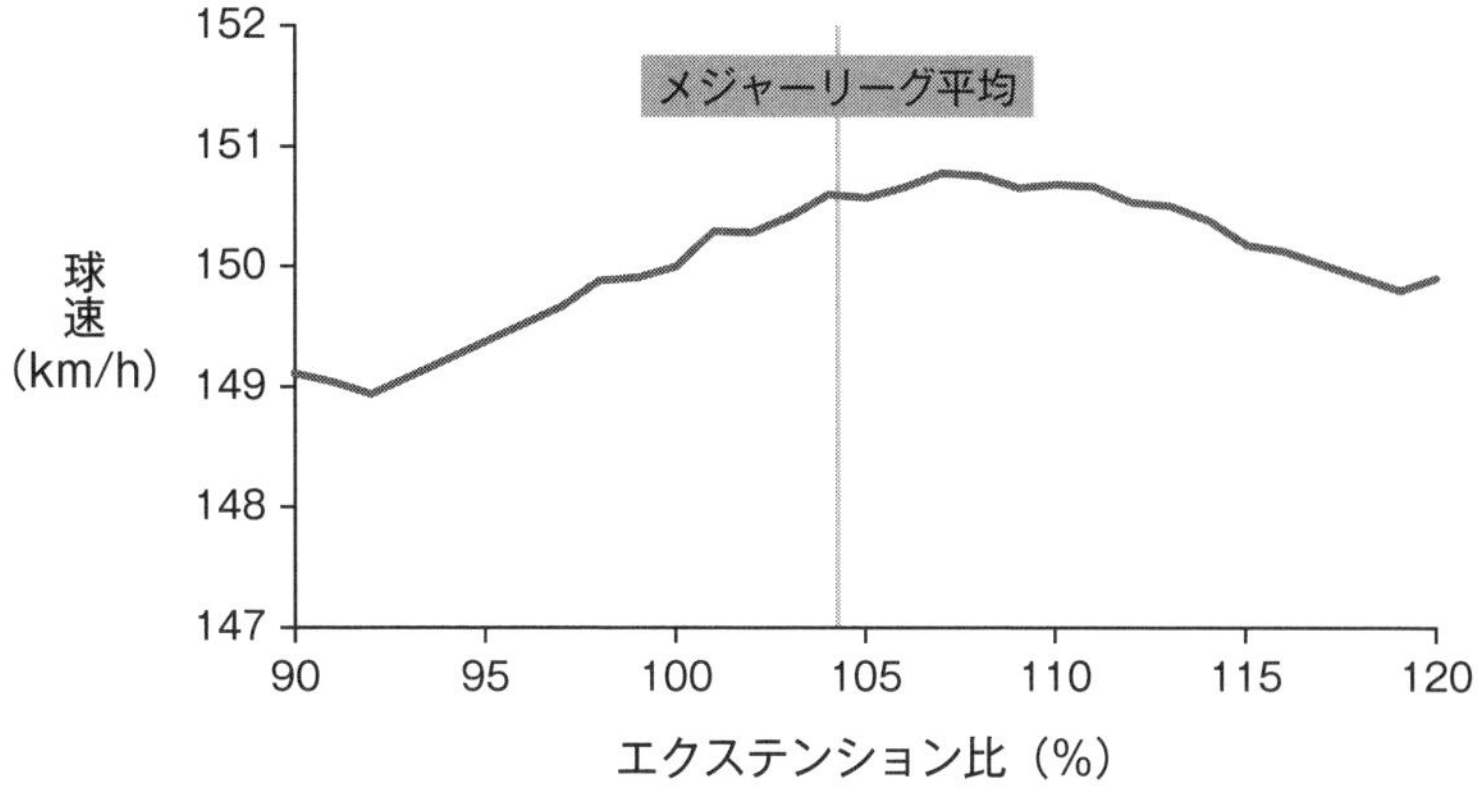

図2-20 2018年メジャーリーグにおけるエクステンション比と球速の関係

が良いと球速が速まるように感じるかもしれない。しかしながら、このデータだと「そもそも身体の大きな投手」の影響を除けていない。そもそも身体の大きな投手は、いわゆる前でリリースするフォームでなくともエクステンションが大きくなる可能性があるためだ。

そのためエクステンションでリリース高を除したエクステンション比と球速の関係を見てみたい〔図2－20〕。

このデータは、いわゆる前でリリースするフォームだと大きくなっていく。

平均をやや超えるあたりまでは球速と比例関係にある。先述したようにボールに長く力を与えることができ球持ちは球速を速める効果を持つかもしれない。ただし、エクステンション比は大きくなりすぎると逆に球速に対してネガティブな影響を与えている。

つまり、無理矢理前でリリースし「過ぎる」と逆に球速が低下する可能性を示唆しており、必ずしも球持ちを長くし過ぎれば良いとはいえないだろう。また、投球フォームは非常に個別性が強く、これらの法則から逸脱してスピードボールを投球する投手も多く存在する。球持ちだけを肯定するのではなく、それぞれのフォームの「**最適なリリース位置**」を探ることが重要なのであろう。

「打者を打ち取ること」が投手の真の目的

ここまで球持ちの効果を考えてきた。球持ち自体の効果かどうかはさておき、球速という観点に関しては指導者や解説者がいうようにある程度有効であることが示唆された。

しかしながら、過度に球持ちを長くしようとすると逆に球速低下に繋がりかねないことも同時に示唆されており、球速を高めるにはそれぞれのフォームの最適なリリース位置を探ることが重要なのであろう。

また、上原浩治のようにエクステンションが極端に短いこと（メジャーリーグ平均188センチに対し上原は160センチ台）で打者のタイミングを外していた選手もいる。投手の真の目的は「良いボールを投球すること」でなく、「打者を打ち取ること」であるため、どんなボールを投球するかはそのための手段であることを念頭に入れて考えるべきであろう。

定説・投球論を検証
〝低めに投げろ〟は正解なのか？

「低めに集める」「ピッチングの基本は低め」をはじめとするように、指導現場において「低め」は最も使われる言葉のひとつかもしれない。しかし、その多くは指導者の**主観や経験に基づく言葉がけ**である。

果たして低めへの投球は本当に有効なのだろうか？　本項では、２０１８年のメジャーリーグのデータを使い、投球されたコースの高低が打者に与える影響を考えていきたい。

まずは打球の飛距離を見てみる〈図２－21〉。高めは低めより飛ぶ！　というイメージを持つ方も多いかもしれないが、果たして本当に飛距離は大きいのであろうか。

２０１８年の全打球約13万球のデータを、ホームベース到達時のボールの高さ１センチ毎に分割し、平均打球飛距離を算出した。

これを見ると、**高めになるほど飛距離が右肩上がりに大きくなっている**。イメージ通り高めの方が飛距離は大きく、低めと高めのゾーンぎりぎりを比較すると、なんと**約20メー**

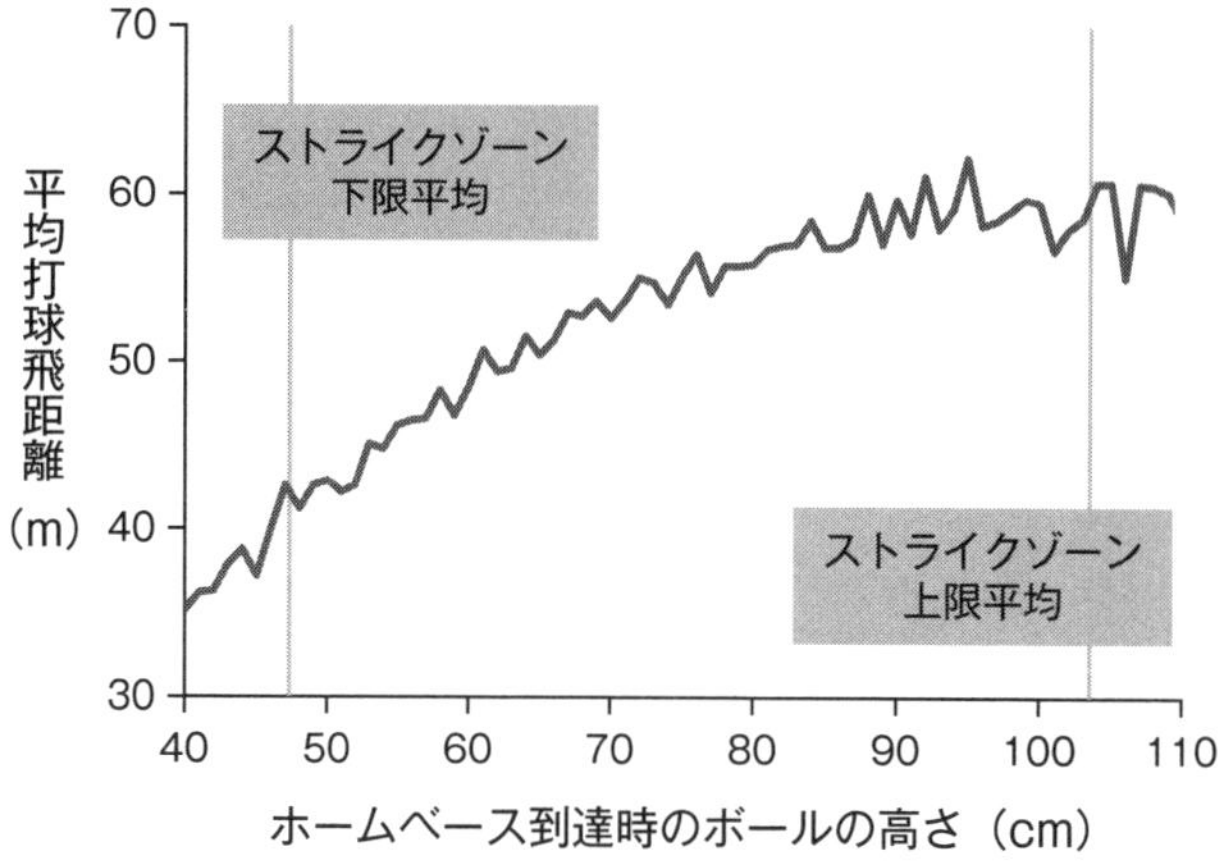

図2-21 2018年メジャーリーグにおけるボールの高さ毎の平均飛距離

トルもの差が見られた。では、やはり定説通り低めは有効であるのだろうか。続いてさらに細かく打球の特性を見てみる。

まずは、ボールの高さセンチ毎に平均打球速度を見てみる〔図2－22〕。飛距離とは違い、**ゾーンの低めあたりにピークがきている**ことが分かる。

意外にも思えるが、実は**高めより低めの方が平均打球速度は速かった**のである。これには打者のスイングの特性が関係している。投球コース別にスイング特性を調べた研究では、低めの打撃は高めの打撃よりも有意にスイング速度が高くなることが明らかになっている（森下ほか，2016）。

低めを打つ際にはバットのヘッドを加速す

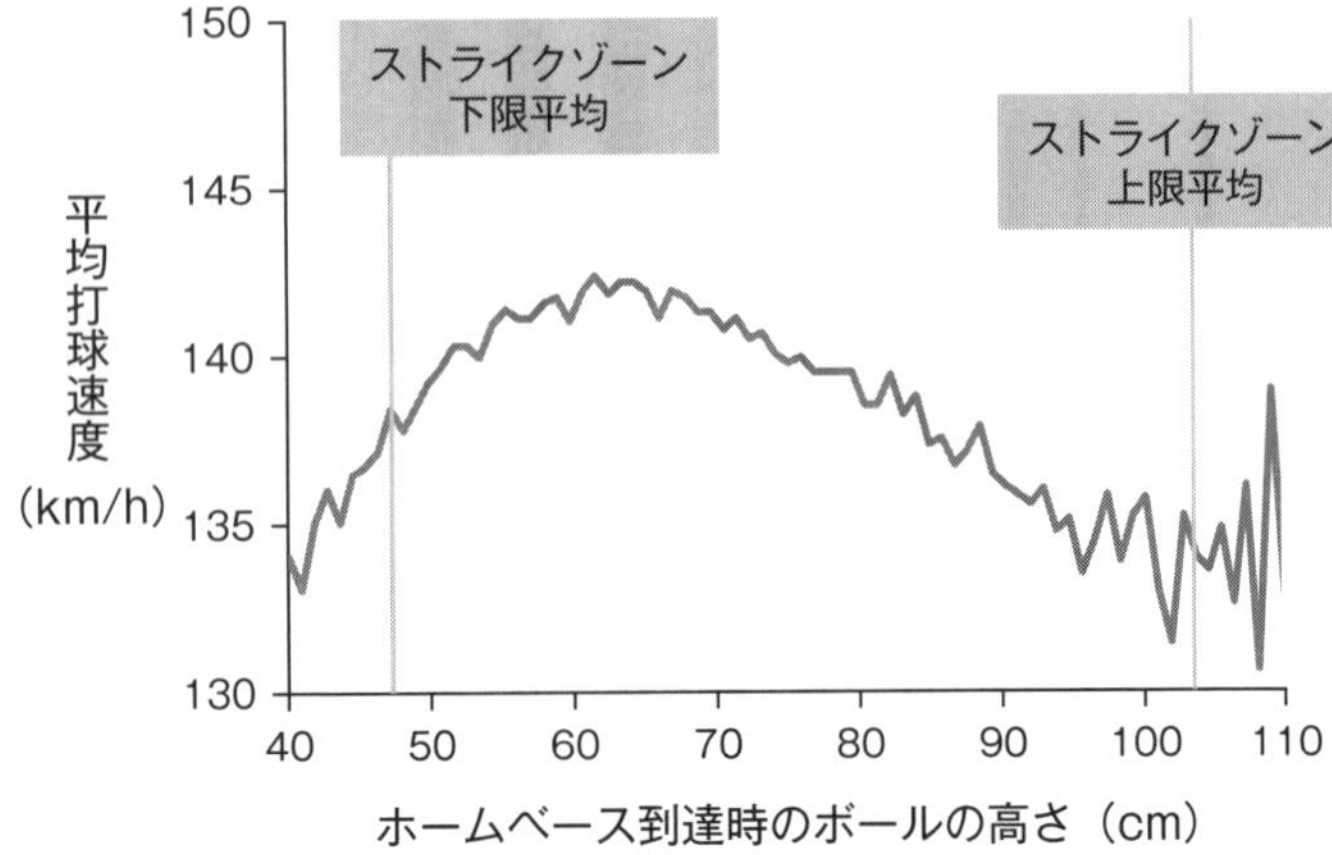

図2-22 **2018年メジャーリーグにおけるボールの高さ毎の平均打球速度**

る時間が長くなりやすいため、スイングの速度が速まりやすい。スイング速度が速まった結果、打球速度も増大したのであろう。

　では、なぜ高めのボールは飛距離が右肩上がりに大きくなっていたのか。その理由が打球角度である。ボールの高さ1センチ毎の平均打球角度を見てみると、**高めになるほど急激に打球角度が大きくなっている**ことが分かる〔図2－23〕。

　先ほどの研究では、低めの打撃は高めの打撃よりスイング角度が有意に小さかった（＝低めの打撃はダウンスイング気味になった）と報告している。

　つまり打球速度と角度の結果を整理すると、低めのボールは打球速度こそ速まりやす

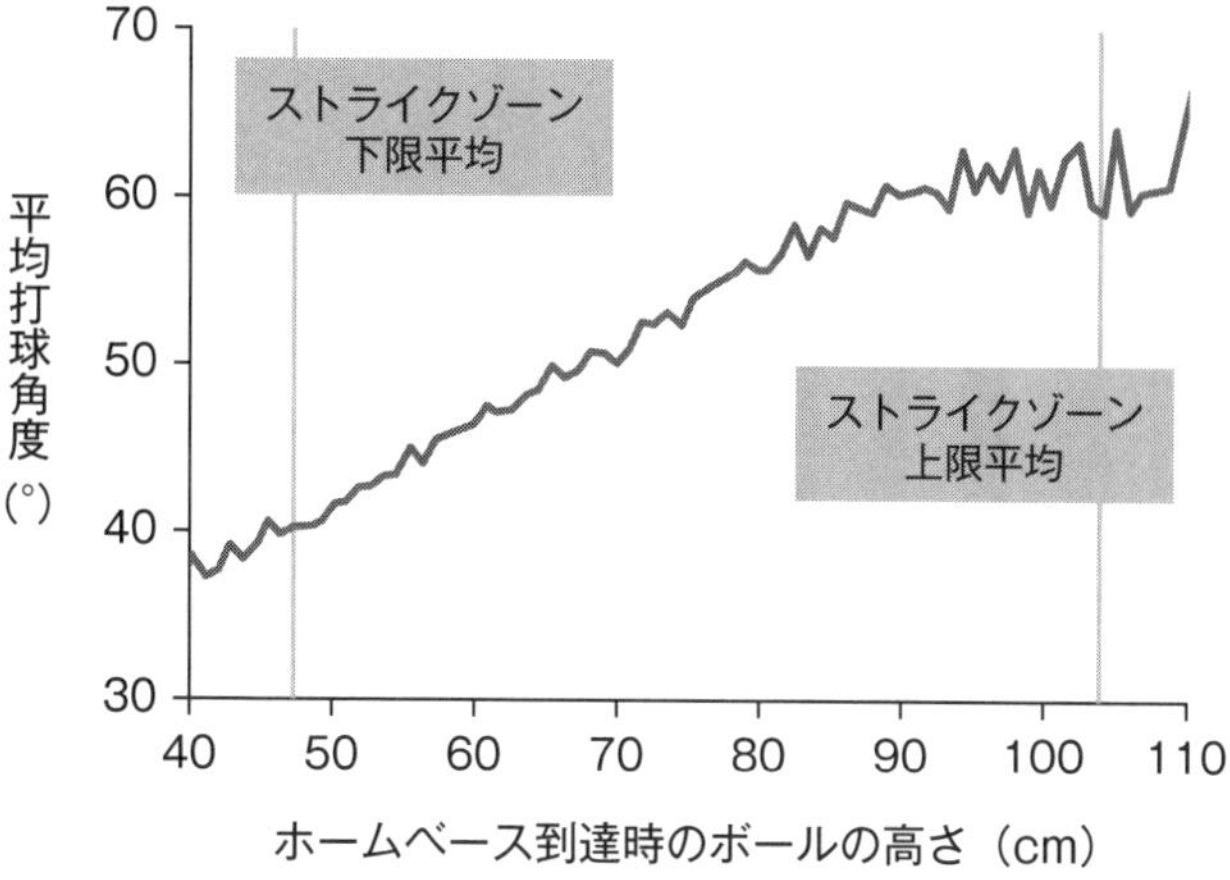

図2-23 2018年メジャーリーグにおけるボールの高さ毎の平均打球角度

いものの、ダウンスイング気味の軌道になりやすいため、結果的に打球角度が小さいということである。

これが、高めのボールが低めのボールより飛ぶ理由である。

飛距離が大きくなると、必然的に長打が増加し長打率やOPSも高まっていく。得点との相関は、打率よりもOPSの方が高いことが分かっているため、低めへの投球は「長打を抑えて得点を減らす」意味では効果的であるといえるだろう。

高めは本当に危険なのか？

低めへの投球は、打球角度を小さくし飛距

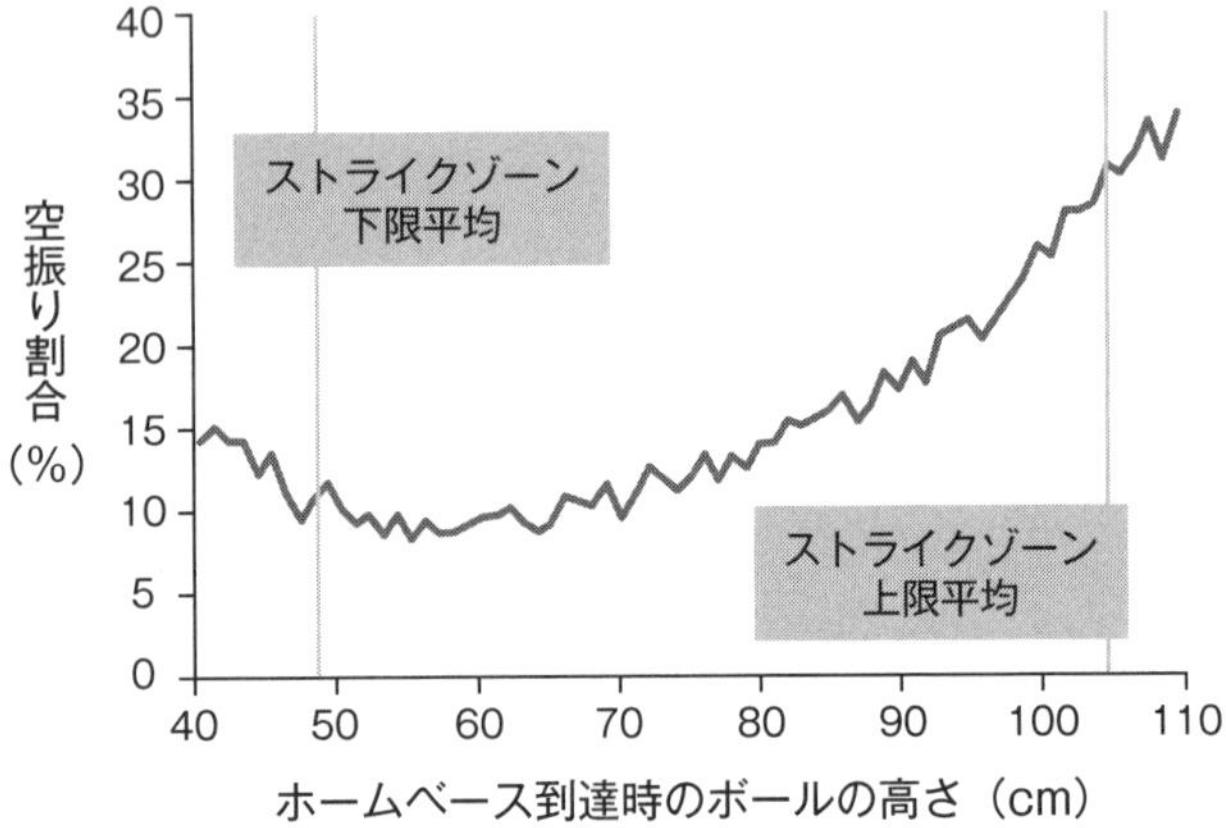

図2-24 2018年メジャーリーグにおけるボールの高さ毎の空振り割合

離を抑えることが分かった。定説通り、やはり失点を防ぐ上で一定の効果はあるといえるだろう。ただし、イコール高めが危険とは限らない。最後に高めのボールの有効性を考えたい。

2018年の全速球から、ボールの高さ1センチ毎の空振り割合を算出した〔図2−24〕。データを見ると、**高めにいけばいくほど空振り割合が増加**していた。

近年、メジャーリーグではフライボール革命に代表されるようにフライ打球を狙う打者が多く、いわゆるアッパー気味のスイングの打者が増加している。そこで、**高めの速球がより威力を発揮**するようになり、それらのボールが見直されつつあるのである。

低めへの投球は有効な手段のひとつではあるものの、必ずしも高めが不正解とはいえない。高めが「危険」であるかどうかは、場面や投手のボールの特性も考慮すべきだろう。スタットキャストの発展で、投球したボールの見える化は一気に加速している。ホップ成分やシュート成分といったボールの「球質」も明らかとなり、有効なコースも一意的でなくなってきているのかもしれない。

定説・投球論を検証

インコースは本当に危険なのか？

前項では投球コースの「高低」についてデータで検証しているが、「内外」ではどうか――。

実際に野球をプレーしたり、テレビ観戦などをしていると、「外角に投げれば安全」「内角は長打が多い」という言葉を耳にすることがあるだろう。

果たして、こういった「セオリー」は本当に正しいのか。本項では、これら投球コースと打撃に関する野球界の定説をデータから検証してみたい。

２０１８年のメジャーリーグの全打球約13万球のデータから、投球コースを内外角（左打者は反転）１センチずつに区切り分析した。内外角のコースは打撃にどのような影響を与えていたのだろうか。

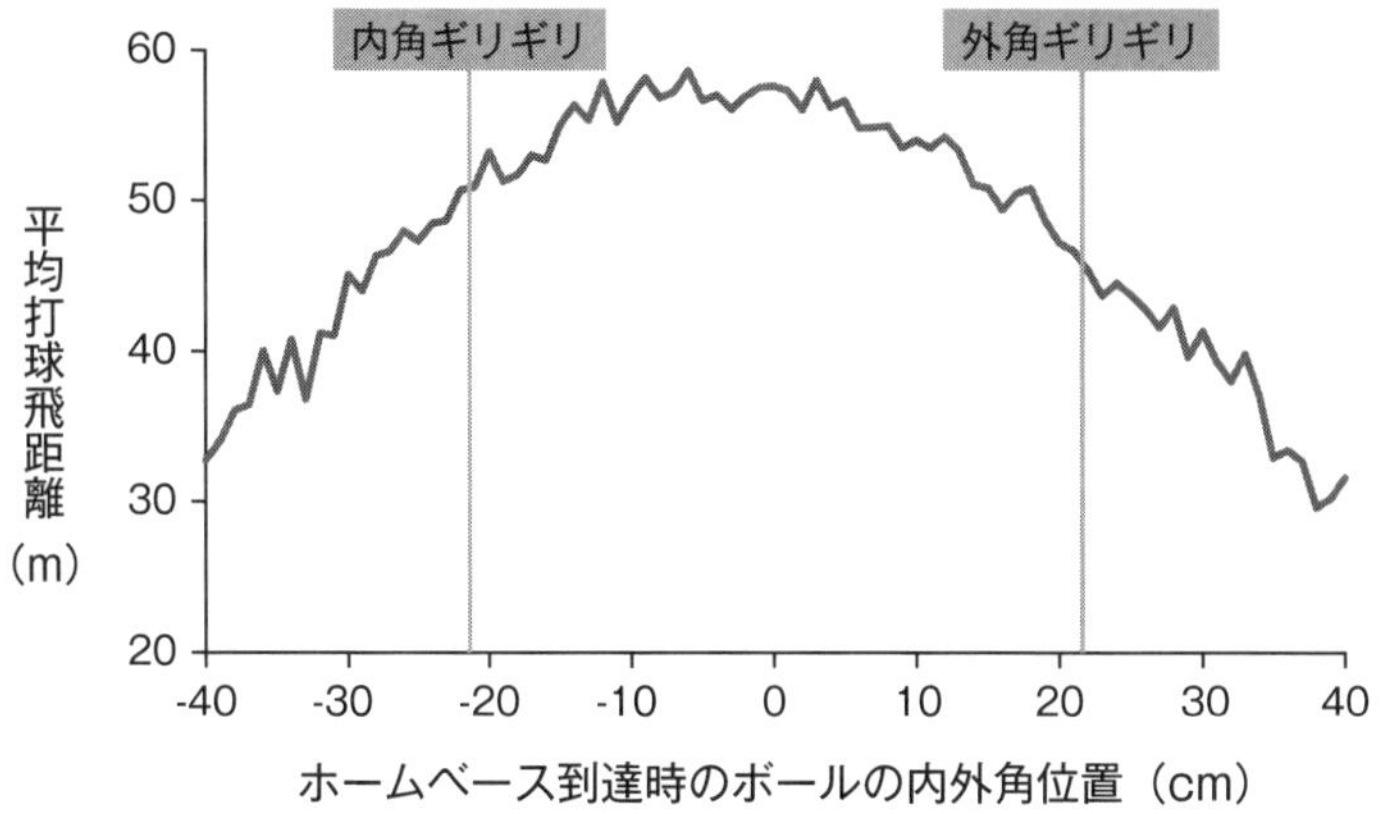

図2-25 2018年メジャーリーグにおける投球コースと打球飛距離の関係

飛距離は真ん中やや内角が最大

まず、内外角のコースと飛距離の関係を見てみる。ホームベース到達時のボールの位置を1センチずつに区切り平均飛距離を算出した〔図2－25〕。

飛距離は**真ん中やや内角気味が最も大きかった**。ストライクゾーンギリギリになるにつれて飛距離は抑えられ、内角よりも外角の方が飛距離は抑えられていた。

単純な飛距離だけでいえば「**外角の方が安全**」といっても良いだろう。ただし、この飛距離の内訳を見てみるとまた違った結果が分かってきた。

飛距離の内訳として、内外角のコースと打

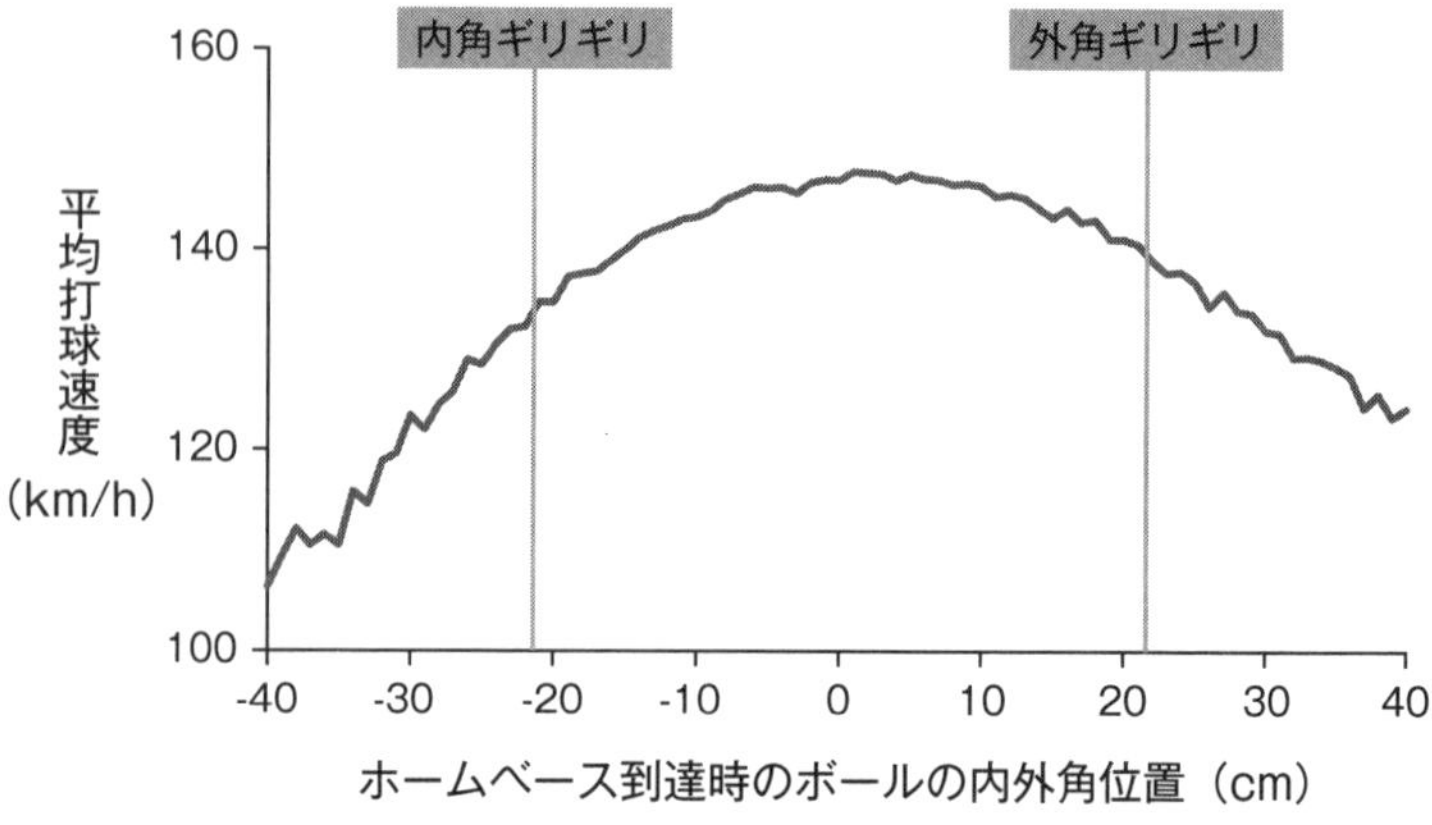

図2-26 2018年メジャーリーグにおける投球コースと打球速度の関係

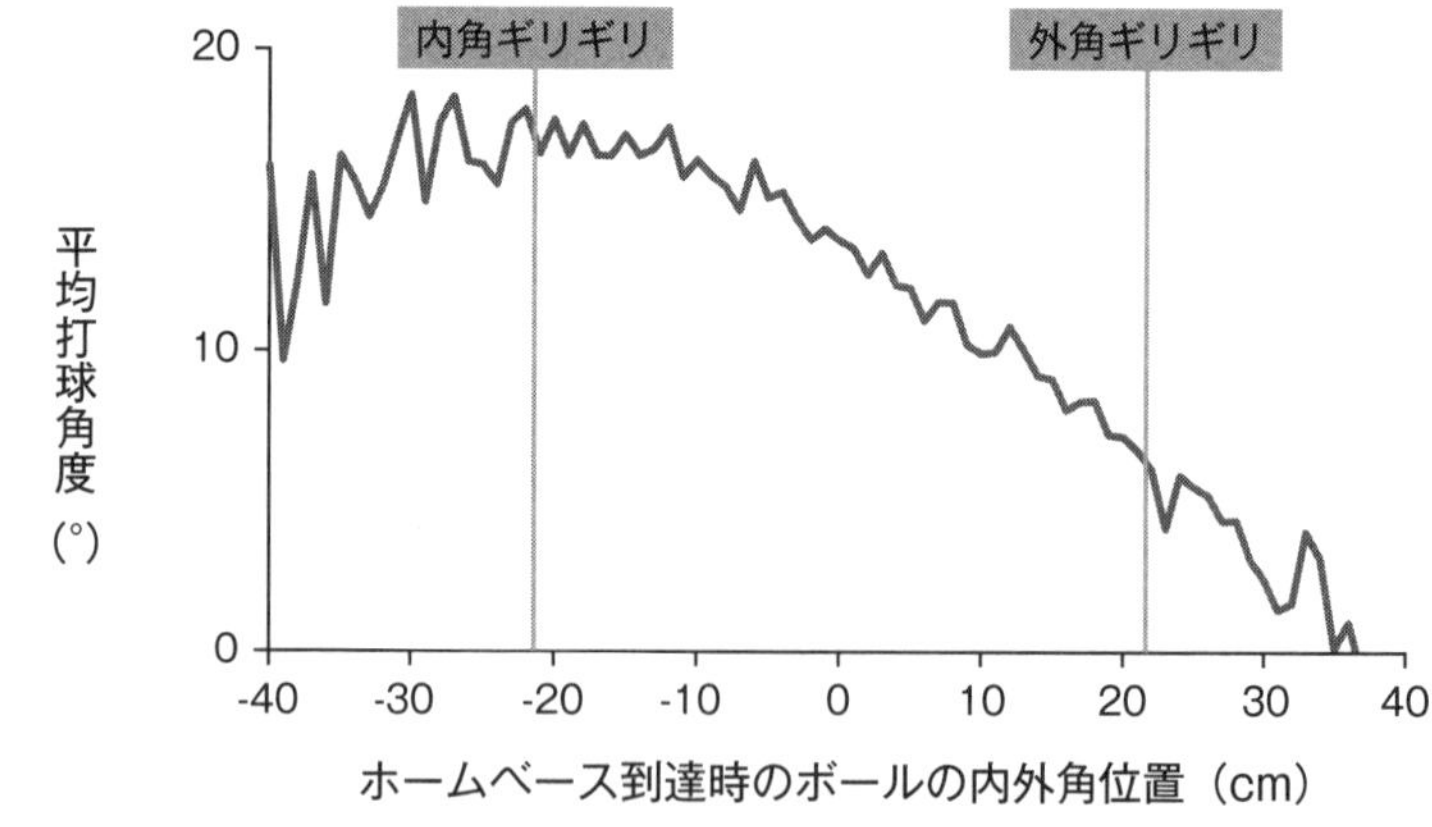

図2-27 2018年メジャーリーグにおける投球コースと打球角度の関係

球速度、打球角度の関係を見てみたい〔図2－26、2－27〕。

内外角のコースと打球速度の関係を見ると、実は内角よりも**外角の方が打球が速い**ことが分かる。しかし、飛距離は内角の方が大きい。その秘密が打球角度にあった。

内外角のコースと打球角度の関係を見ると、内角が最も大きく**外角になるほど大きく角度が低下**している。内角は打球速度が遅いものの、角度がつけやすいため飛距離が大きかったのである。

このように内角と外角では打球の「性質」が違う。必ずしも外角が有効とは限らず、投手は場面や打ち取り方によって最適なコースを選択すべきだろう。

スイングの特性からコースと打球の関係を考える

ここまでデータを使って内外角のコースと打球の関係を見てきた。それらを一度整理し、最後にスイングの特性との関係を考えていきたい〔表2－10〕。

繰り返すようだが、内角のコースのボールは打球速度は遅いものの角度が大きく飛距離も大きい。逆に外角のコースのボールは打球速度は速いものの、角度が小さく飛距離も出

コース	飛距離 (m)	打球速度 (km/h)	打球角度 (°)
内角	大	低	大
外角	小	高	小

表2-10 投球コースと打球特性の関係

にくい。

最新の研究結果によると、**引っ張り打球はアッパースイング局面、流し打ちはダウンスイング局面でボールをとらえやすい**とされている（森下・矢内，2018）。内角は引っ張り打球、外角は流し打ち打球が多い。ほとんどの打者が、構えた位置からダウンスイング局面を経てアッパースイング局面へ向かうため、手元でとらえた外角は打球角度が小さくなりやすいのだろう。

このように、スイングの局面を考えると、どんな打球を打たせたいかで有効なコースは変わる。例えば、内野フライで完全に抑え込みたい場面では、内角も有効な手段といえるかもしれない。もちろん、球速や球種、球質によってもそれらは様々変化する。

データの普及により、従来の野球の定説も続々と変化していくかもしれない。

PART3

新時代の野球データ論

育成編

New theory of training

最新のデータにもとづいた新たな野球理論は、メジャーリーグや日本プロ野球といったトップカテゴリだけでなく、育成世代の野球事情にも大きな影響を与える。日本球界では今、観客動員数の上昇とは裏腹にジュニア世代の「野球離れ」が深刻化している。スポーツ・娯楽の多様化やアマチュア野球指導におけるネガティブなニュースの数々——。それでもやはり野球が魅力的なスポーツなのは間違いない。ここでは、野球少年の「育成」に焦点を当て、指導者&保護者必見の知識や情報など「未来の野球界」に向けた記事を紹介する。

プロ野球での活躍に誕生月の影響あり!?

野球人気の低下や競技人口減少が深刻な問題となっている。しかし少年野球選手の多くは「将来プロ野球選手になりたい！」という夢を持って野球をプレーしているだろう。では、プロ野球選手になる人にはどのような特徴があるのだろうか？　ここでは、子どもの成長と野球の上達について考察していく。

プロ野球選手（2238人）の生まれ月には偏りがあり、**4〜6月生まれの選手数は1〜3月生まれ（早生まれ）の選手数の2・25倍**である〔図3−1〕。高校生のときにドラフトで指名された選手に限れば、4〜6月生まれの選手数は早生まれの選手数の2・82倍となる。本調査で対象とした選手と同年齢の日本人に生まれ月の偏りはない。これらの結果は、プロ野球選手を目指している早生まれの球児にとっては受け入れ難い事実である。

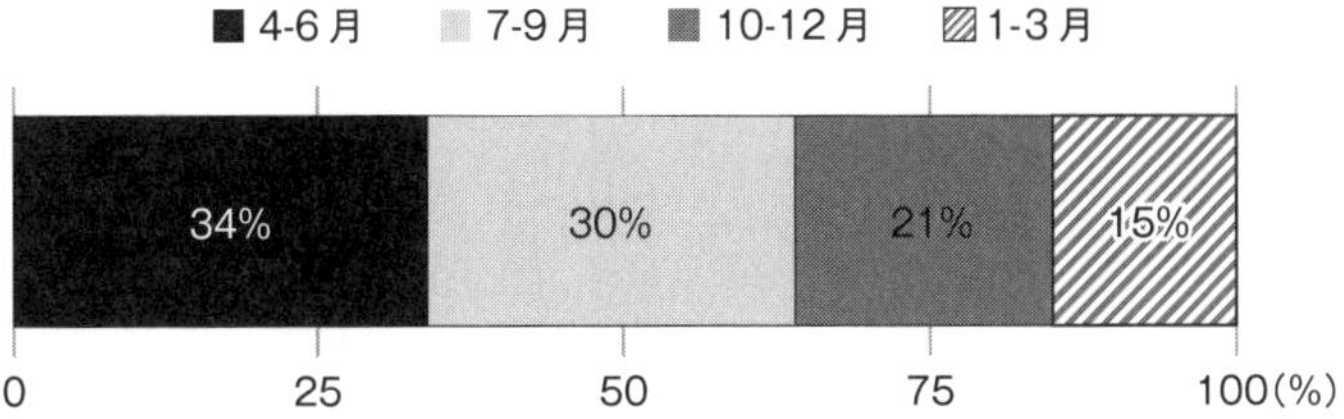

図3-1 **プロ野球選手の生まれ月分布。早生まれの選手が少ない傾向にある**
※データは1965年から1997年に生まれたプロ野球選手を調査

プロ野球選手の生まれ月が偏っている理由

日本では学校教育法により、4月1日を学年の切り替え日とする学年制が取り入れられているため、同学年内の生徒には暦年齢差がある。極端な例だが、生まれたばかりの0歳児（4月1日生）と、歩行ができるようになった1歳児（4月2日生）はいずれ同学年の生徒になる。同学年内の暦年齢差は、特に幼少期において身体の大きさや運動能力の個人差に影響する。

もちろん、それらの個人差は年齢経過とともに小さくなり、男子であれば高校生、女子であれば中学生くらいに消失する。しかし、4～6月生まれは**幼少期に運動能力や技能に対する有能感を得る**ことができる。親やコーチなど他者からの高評価と相まって、野球好きになる、野球を継続する、自主的に練習する、強豪校に進学するといった競技力向上に繋がる好循環を生む。

一方、早生まれはその逆、つまり悪循環に陥る可能性がある。このような環境の相違がプロ野球選手の生まれ月が偏っている理由のひとつと考えられている。

プロ野球で「早生まれの大逆転」が起こる3つの理由

プロ野球選手になったとしても、すべての選手が活躍できるわけではない。図3−2に最優秀防御率、首位打者などのタイトルを獲得した選手の生まれ月を調査した結果を示す。これは、それぞれの期間の中でどのくらいの割合の選手がタイトルを獲得したのかを表している。

各期（3カ月）のタイトル獲得者数をその期の選手数で除した値（割合）は、1〜3月生まれが14%であり、4〜6月生まれの8%よりも統計的に有意に低い値だった。入団した人数は少ないものの、**タイトルを獲得する確率は早生まれの方が高い**、つまり「早生まれの大逆転」が起こるということだ。

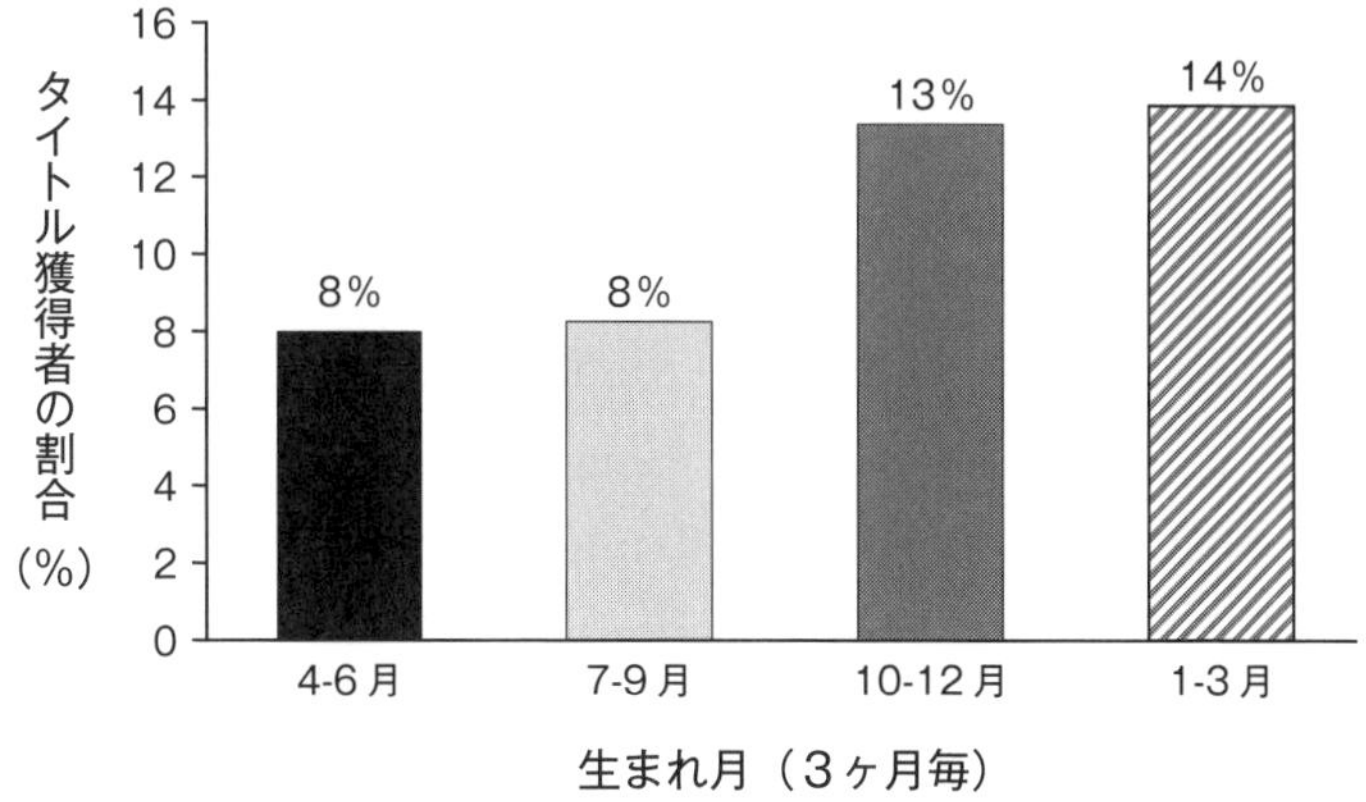

図3-2 生まれ月別のタイトル獲得者の割合。早生まれの方がタイトルを獲得する確率が高い。※データは1965年から1997年に生まれたプロ野球選手を調査

【早生まれは成長の伸びしろが大きい!?】

早生まれの選手は同学年内において暦年齢が低いため、身長、筋力、パワーといった身体資源の発育やトレーニング効果に関して、4～6月よりも「伸びしろ」が大きい可能性がある。身体の成長が同級生に追いつく高校生時や高校卒業後から、早生まれ選手の試合出場の機会が増え、野球に対する自信も深まる野球のパフォーマンスが急激に向上する選手も数多くいる。

プロ野球選手においても、高校から投手を始めたソフトバンクの千賀滉大（1月30日生）、高校生のときは控え投手だった元広島の黒田博樹氏（2月10日生）などが高校卒業後に飛躍した早生まれ選手の例として挙げら

れる。

【不利な環境で磨かれた心技体！】

早生まれ選手の周りには、自分よりも上手な見本となる選手が多くいる。身体の大きさは勝てないけど技術は負けたくない、トレーニングで追いついてやるという選手もいるだろう。その過程で負けん気やハングリー精神といったメンタル面が養われる可能性がある。

例えばプロ野球選手の中でも身長が高くないヤクルトの青木宣親（1月5日生）は、打撃技術と対応力でメジャーリーグでも活躍した早生まれの代表的な選手だ。吉田輝星（1月12日生）も技術に長けた早生まれの選手である。

【4～6月生まれ選手の過大評価】

4～6月生まれは、強豪校で活躍する選手が多くいる。全国大会などの活躍を通して、各球団のスカウトにアピールする機会にも恵まれるため、ドラフトで指名される可能性は高まる。

しかし身長、筋力、パワーといった身体資源には生まれ月による相違はないはずなので、本来活躍する選手の割合はどの生まれ月も同程度になるはずだ。つまり、4～6月生まれの選手数が他の月よりも多いため、タイトルを獲得する選手の割合が低いと考えることもできる。もしかすると、ジュニア期に優れた競技成績を残した4～6月生まれは過大に評価されてドラフトで指名されている可能性もある。

個々の身体発育を考慮した指導を

野球をする子どもを持つ親御さんやコーチは、4～6月生まれ、早生まれ、それぞれの特徴を理解することが重要だろう。さらに、指導現場では選手の生まれ月を把握し、それぞれの身体発育を考慮した指導をすることも必要だろう。

これからは「生まれ月」という新たな視点で選手を見てみるのも面白いかもしれない。

子どもの運動能力は遺伝？それとも環境？

子どもの運動能力は生まれつき持っているものだろうか。それとも生まれてから様々な体験をすることによって獲得してくるのだろうか。この「子どもの運動能力の決定は遺伝なのか、それとも環境なのか」の議論は古くから存在している。

大洋ホエールズ（現・横浜DeNAベイスターズ）のスーパーカートリオの1人、高木豊氏のインタビューを拝読したことがある。高木氏はいわずと知れた元プロ野球選手。元陸上短距離選手の妻との間に生まれた3人の子どもはいずれもプロサッカー選手であることは有名な話だ。高木氏の例で見ると、遺伝子が優位といわざるを得ない。

果たして子どもの運動能力は遺伝によって決まるのか、それとも環境なのか、親にしてみればどちらなのか非常に気になるところだろう。「**運動能力は遺伝するのか**」をテーマに話を進めていく。

対象	身長(cm)	体重(kg)	除脂肪体重(kg)	体脂肪(%)	最大筋力(kg)
非トレーニング者	178	66	54	18	51
トレーニング者	178	72	60	16	56

Klissouras, V. et al.（2000）Genes any Olympic performance : a co-twin study. Int. J. Sports Med. 21: 250-255 より改編

表3-1　一卵性双生児の体格・体力比較

周りを取り巻く環境が運動能力に影響する

同じ遺伝子を持った一卵性双生児の研究は昔から行ってきており、遺伝・環境の両方の影響を受けて運動能力が養われていくことが分かっている。例えば、同じように活発に運動して育った双子を対象にした研究を紹介しよう。

双子のうち、1人は高校卒業後に普通に就職し、日頃あまり運動をしない会社員になった〔表3－1中：非トレーニング者〕。もう1人は、大学入学後に運動部に入り、選手として活躍した〔表3－1中：トレーニング者〕。2人の形態・除脂肪体重（筋量）や最大筋力などの体力要素を見てみると、身長以外の全てにおいて差が出ており、**取り巻く生活環境が影響を与えている**ことが分かるだろう。

子どもの体格・運動能力は両親からの遺伝によるものが大

きいといって良いのだが、周りを取り巻く環境によっていかようにも変わるということは疑いようがない。

速筋・瞬発系タイプは野手向き!?

環境説の方が強くなってきたが、そんな中、最近日本では遺伝子ビジネスが急成長をとげている。田中将大が遺伝子検査のＣＭに出演しているのを見たことがある人も多いだろう。

例えば、筋線維に関わる遺伝子の評価では速筋と遅筋の割合が分かるので野球のポジションの体力特性から野手「速筋・瞬発系タイプ」や投手「遅筋・持久系タイプ」という判断ができるかもしれない。

また、骨・関節に関わる遺伝子の評価では怪我の発生リスクを下げるために、野球選手に特に起こりやすい肩や肘のケアや障害予防トレーニングを多めに実施したりすることもできるだろう。

さらに、体脂肪に関する遺伝子リスクが高い場合は、体脂肪蓄積予防のために定期的な栄養サポートが必要になってくるかもしれない。

自分が選択したスポーツは正しかったのか？

筆者も「アスリート用」の遺伝子検査を試した経験がある。以前プロゴルファーを目指していた経験から自身が選んだスポーツと遺伝子がどのような関係を持っているか大変興味があった。結果は筋線維的には瞬発系タイプで、心臓血管的には持久力には向かないというものだった。

ゴルフは瞬発力重視と思われがちだが、再現性の高いスイングを完成させるためには豊富な練習量が必要不可欠。またプロになって試合に出れば4日間戦い続ける体力も必要になってくるので、遺伝的にはゴルフには向いていなかったのではと若干の寂しさを覚えた。

さらに、遺伝的に骨・軟骨・関節的に弱いとあり、肩板損傷が引き金で引退した苦い経験も思い出した。このように自身がやっていたスポーツと重ねると残念な結果となってしまったが、遺伝子検査は怪我の予防に役立つ可能性がある。

ただし、現時点では遺伝子検査は推測でしかないため参考程度に考えた方が良い、ということである。

子どものスポーツ選択は焦らずじっくりと

先述した高木氏は、子どものスポーツ子育てで野球をやらせたいと思ったことはないという。どのスポーツをやるにせよ、そのスポーツが好きであることが大事。いろんなスポーツを体験させた結果、３人ともサッカーに興味を持ったということだ。

子どもがやるスポーツを親が決めるのではなく、ガイド役に徹して、まずは子どもの運動意欲をかきたてるような環境を整えてあげるように工夫してみよう。

親の方針で、基礎体力と肩周囲の強化を目的に、小学校時代はずっと水泳を習っていたタイガースの岩崎優が本格的に野球を始めたのが中学生からだという。それから10年後、大学卒業後にプロ入りを果たすと、新人としてその年5勝を挙げた。メディアは彼を「遅咲き」の選手と評することもあるが、筆者はそうは思わない。

このように、スポーツを決めるのは焦らずじっくり決めた方がいいのではないだろうか。

球速に影響を与える遺伝要因とは？

野球選手の競技力には個人差が存在する。小学生チームにおける同学年の選手、またはある球団のプロ野球選手という特定の集団における投、打、守、走などの能力差は何に起因するのか。イチローや大谷翔平の活躍は、才能（遺伝要因、先天的）か努力（環境要因、後天的）か、といったことに興味のある方もいるかもしれない。

ここでは、過去の研究知見に基づき、特にボール投げ能力の個人差に影響を与える要因について遺伝・環境要因の観点から掘り下げて考えてみたい。

身長は速いボールを投げるための要素のひとつ

まずは、投球において非常に重要な投球スピードと身長の関係を見てみよう〔図3－3〕。

筆者が投球スピードと身長の関係について検討したところ、両者には正の相関関係が示さ

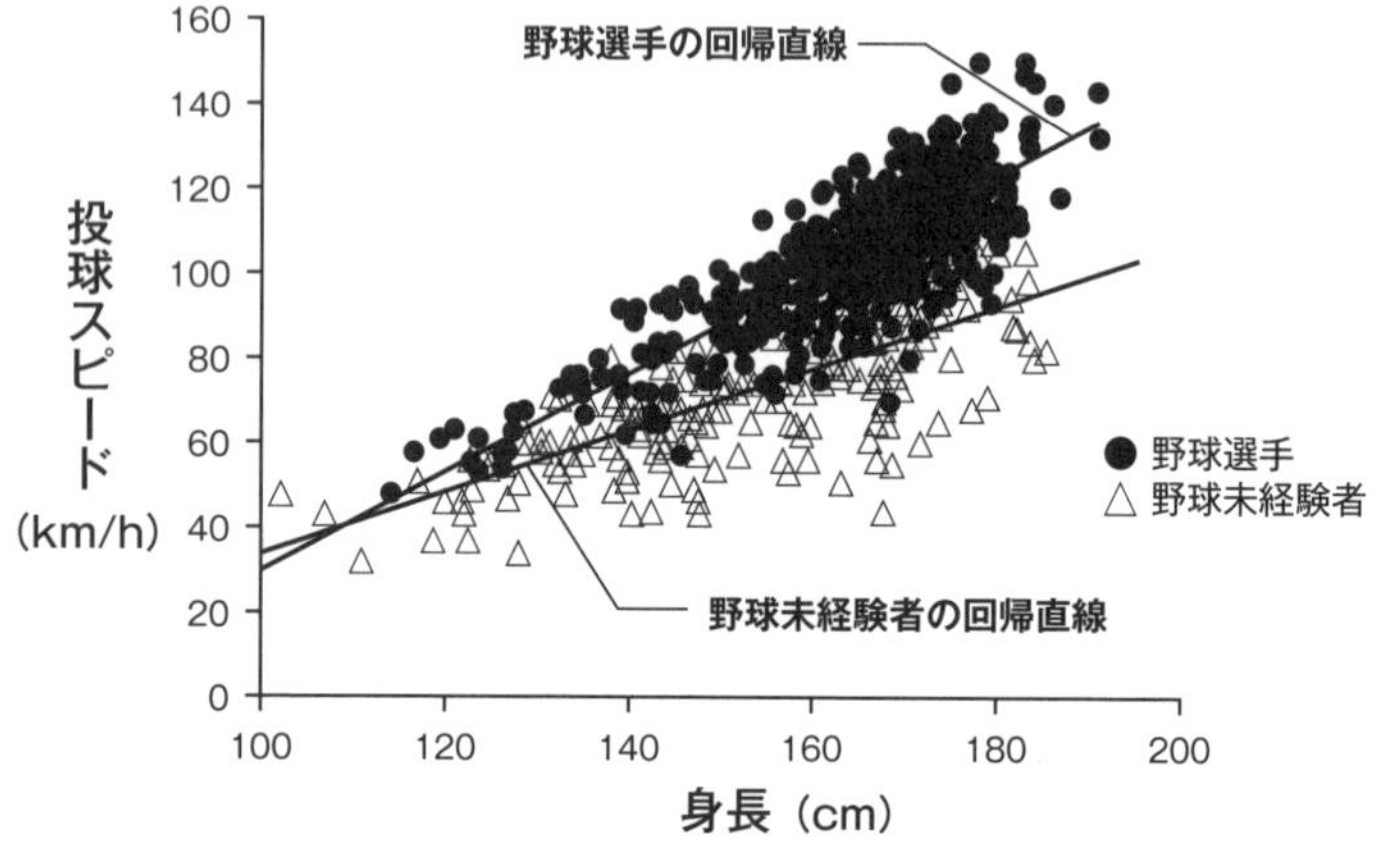

図3-3　身長と投球スピードの関係

れた。この検証は、幅広い年齢かつ、野球経験者と未経験者それぞれを対象に行った。これらのデータから、**身長が高いと投球スピードが速い**ということが分かる。

これまでの研究によると、野球選手の投球スピードは、身長1センチあたり0・75から1・16キロ速いことが分かっている。プロ野球投手の平均身長が182センチであることからも、速いボールを投げるために身長が大きな影響を与えていることは理解できる。

一方で、プロ野球には身長が160センチ台でも150キロを超えるボールを投げる選手もいる。また、今回報告した研究データや知見は、限られた対象から得たものであるから、身長は速いボールを投げるための要素の

項目	遺伝率（%）
身長	80
身長増加のタイミング	80
筋線維組成	45
筋力	49〜56

表3-2 各項目別の遺伝率（投球に影響を与えるもの）

ひとつと理解するのが良いだろう。

身長は遺伝の影響が大きい

人間の形質や機能に対する遺伝および環境要因の影響を検討するために、一卵性双生児および二卵生双生児を対象とした研究が数多く行われてきた。様々な国の一卵性双生児を対象とした研究によると、**身長の遺伝率は約80％である**［表3－2］。

さらに、一卵性双子児を対象に、身長が大きく増加するタイミング（早熟、晩熟）の遺伝要因を検討した研究によると、性別を問わず遺伝率は80％を超える。このように、身長および身長が大きくなるタイミングには遺伝要因が大きいようだ。

筋力は環境の影響も十分ある

関節の回転の速さは、筋力などの力発揮能力に依存する。また、回転半径（体の長さ）が大きいほど関節は回転しづらくなる（慣性モーメントが大きくなる）ため、関節を動かすための筋力が不足していれば速いボールを投げることはできない［図3－4］。

筋力に影響を与える体重、筋量などの身体組織量は、基本的に身長に比例する。

一方、筋力と投球スピードの関係は、体格の影響を考慮した場合においても正の相関関係がある。筋には大きな力を出すことができる速筋と持久力に優れた遅筋がある。**速筋と遅筋の割合（筋線維組成）の遺伝率は45%**である。

さらに、筋力、跳躍力などの力発揮能力の遺伝要因に関する知見を総括した報告によると、それらに対する遺伝要因の遺伝率は49～56%であり、遺伝率は年齢経過とともに小さくなる。

このように、**力発揮能力は身長よりも遺伝要因が小さく、トレーニングなどの環境要因**

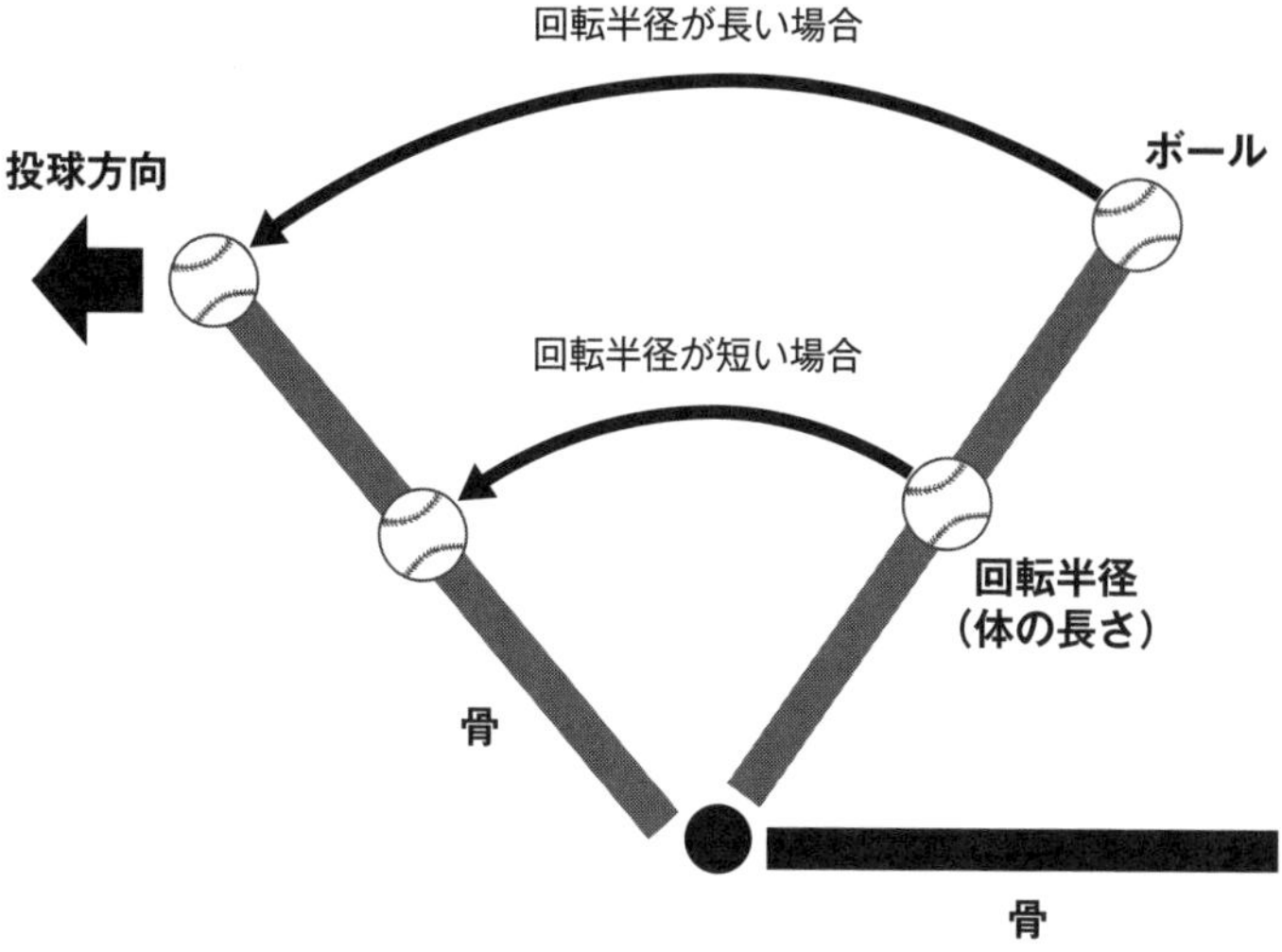

ボールの速さ
回転半径が長い＞回転半径が短い
※回転半径は体の長さ（身長はその指標）

関節の回転が速い＞関節の回転が遅い
※関節の回転は筋量、筋線維組成、筋力
　などの力発揮能力によって決まる

図3-4 体の長さと筋力が投球スピードに及ぼす影響の簡易図

（後天的要因）の影響も大きいと考えられる。なお、筋力トレーニングの効果に対する遺伝要因に関する研究報告は少なく、今のところ科学的根拠に基づいて説明することはできない。

遺伝要因だけでは説明できない複雑な投球動作

速いボールを投げる能力に対する遺伝要因の影響は、回転半径(体の長さ)において高く、筋力などの力発揮能力において中程度であった。しかしながら、図3−3を見ると、同じ身長でも投球スピードには大きな個人差（ばらつき）がある。

また、野球選手と野球未経験者の投球スピードの差は大きい。このような差は身長や筋力だけでは説明することは難しい。投球動作は複雑で習得するのが難しい。それは投球スピードの個人差には技術的な要因、つまり環境要因（後天的要因）が大きいことを意味している。

ピッチングは何歳で教えたらいいの？子どもが上達するメカニズムとは

指導者は少年野球などで子どもに野球を教える際に、すぐに上達する子と、そうでない子がいることに驚くことがあるのではないだろうか。筆者の運動指導の経験からも、どんなに頑張っても運動が苦手な子、日に日に上達していく子がいるように感じる。上達していく子はどうやら指示されたことを自分なりにやってみて、トライ&エラーを繰り返しながら調整してその動作のコツのようなものをつかんでいるように見える。動作のコツを身につけるには、様々な運動体験をさせることが重要なのだ。

今回は子どもたちの運動スキルと競技パフォーマンスとの関係について、投球と打撃を例に掘り下げて考えていく。

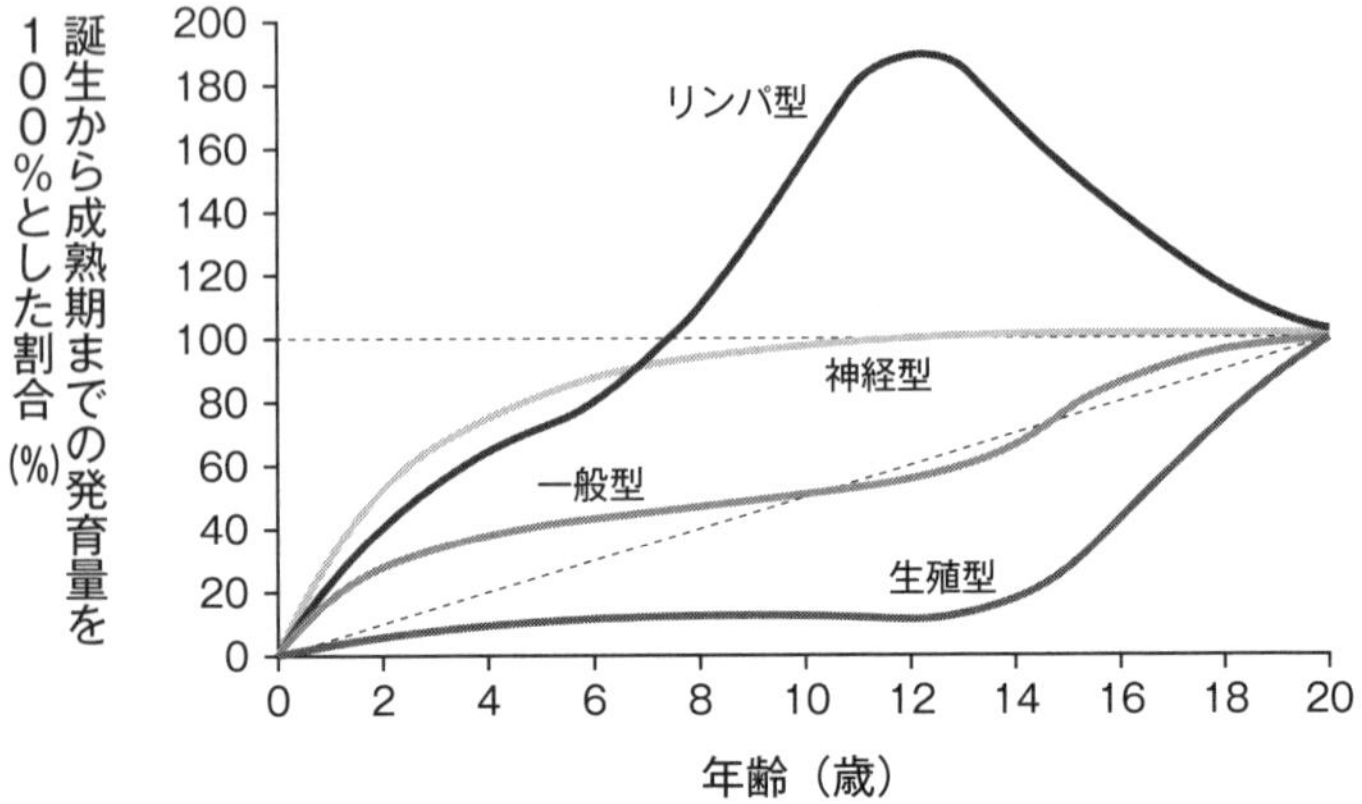

図3-5 **スキャモンの発育曲線**
（国立スポーツ科学センター『女性アスリート指導者のためのハンドブック』より出典）

ゴールデンエイジの理論は本当か？

スキャモンの発育曲線は中学の保健体育の教科書や、スポーツ子育て本でもよく見られる、子どもの成長具合をグラフで表しているものだ〔図３－５〕。スキャモンはアメリカの医学・生物学者（１８８３～１９５２）であり、このグラフを発表してから今年で85年、亡くなってから70年近く経っている現在でもなお、このグラフを元に子どもの発育について語られることが多い。

子どもの運動能力に関する本や記事などでは、必ずといっていいほど登場するこのグラフ。特に幼少期に急激に量が増える「神経系」が着目されていることが多い。

まさに90年代後半に提唱された「ゴールデンエイジ理論」もこの部分を参考にしていて、**9～12歳が運動能力の向上に最適な年代であり、それがゆえに運動の早期教育の重要性が説かれている**現状がある。

スキャモン理論の問題点

スキャモンのグラフは、身長・体表面積・体重・座高などのデータを基に、神経などの重さを実際に測り、そこから何歳くらいでどの器官の量が増えるかという「イメージ」をフリーハンドで描いたものだ。つまり注意しなくてはいけないのが、神経系は動きの巧みさの指標として使われていることが多いのだが、実際に**幼少期に増加しているのは「量」であり、神経系機能である「質」ではない**ところだ。

また、スキャモンは運動指導の専門家ではなく、このようなイメージ図は元々運動能力向上のためにつくられたものではない。現代において、スキャモンの発育成長曲線やゴールデンエイジ理論をどのように扱っていけばよいか、今一度考える必要があるだろう。

投球指導の前に「ボールを正しく投げる・捕る」

日本サッカー協会のＪＦＡキッズハンドブックにはＵ－10～Ｕ－12年代は心身の発達が調和し、動作取得に最も有利な時期とされている。「集中力が高まり、運動学習能力が向上し、大人でも難しい難易度の高い動作も即座に覚えることができます」と書いてある。

野球だと、この時期に打撃や投球はもちろん、走塁や盗塁などの戦略的要素が強い高度な技術を徹底的に指導されるかもしれない。

しかし最近では、ジュニアアスリート専門のトレーナーが以前よりも増えてきていることもあり、そのような技術指導中心の練習メニューに警鐘が鳴らされている。

高度な技術をマスターできる時期だからと言って全員が全員当てはまるわけではない。当たり前のようだが、投球指導の前に「ボールを正しく投げる・捕る」ということ。打撃の前に「ボールを正しく打つ」動作ができているかということ、そしてベースランニングの前に「正しく走る」動作ができているかをチェックする必要があるのだ。

なぜならボールを狙い通りに投げる運動スキルが乏しければ、内外のコースの投げ分けやスピードの緩急の使用などの戦術面はスムーズに指導は難しくなる。まずは**「投げる」という動きの評価を子どもの発育に合わせて行う必要がある**ということだ。

野球に必要な運動スキル

山梨大学教育人間科学部教授の中村和彦氏が提唱する、幼少期に体験すべき運動スキルは全部で36ある〔図3−6〕。運動スキルとは、走る・跳ぶ・投げる・捕る・泳ぐ・蹴る・打つなどの基本的な運動のことを言う。

さらに、野球というスポーツをみてみると必要なスポーツスキルが4つある。いわきFCアカデミーアドバイザーの小俣よしのぶ氏は、スポーツスキルは「特定の競技に必要な技能」と定義付けしている。

①投げる（投球）
②打つ（打撃）
③走る（走塁）
④捕る（捕球）

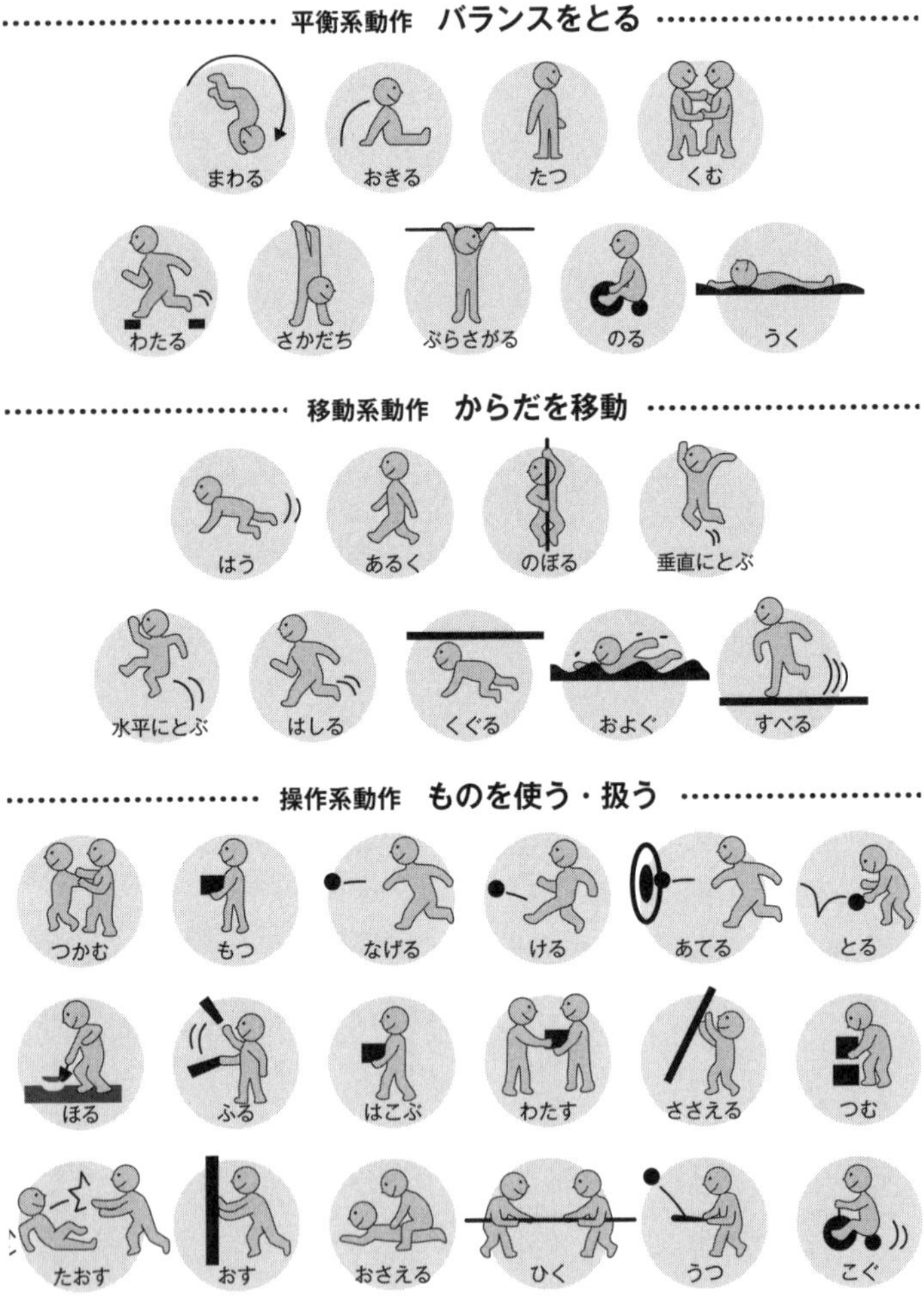

図3-6　幼少期に体験すべき３６の運動スキル
（フジサンケイ新聞社『あんふぁん2008年10月号』より出典）

方法	使用するもの、投げ方
投げるものを変えてみる	楕円のボール、棒きれ、木の実など
投げるもののサイズを変えてみる	手で握れるもの、握れないもの
投げるものの重さを変えてみる	軽いもの、重いもの
投げ方を変えてみる	上手投げ、横投げ、下手投げ
片手・両手で投げてみる	右手で、左手で、両方で
投げる強さを変えてみる	遠くに、近くに

表3-3 「投げる」運動スキルの習得方法（例）

これらのスポーツスキルは、いずれも図3－6の運動スキルに含まれているように見える。ただし、スポーツスキルと運動スキルは全く別のものとして考える必要がある。

投球を例にとってみよう。まず、思い描いたところや力加減で「投げる（スローイング）」ことができていないと、内外のコースに投げ分けることや、スピードの緩急などを考慮した投球はできない。つまり、まず基本的な運動スキルである「ものを投げる」ことを様々な体験から習得していくことが重要なのだ。

では、どのように「ものを投げる」という運動スキルをアップさせたら良いのだろう。このスキルアップには様々な方法がある〔表3－3〕。

これに運動スキルのひとつである「当てる」を加えて考えてみる。例えば、「止まっている目標物に投げて当てる」「動いている目標物に投げて当てる」「動きながら止まっている目標物に当てる」など基本動作を組み合わせていくと「ボールをキャッチしながら一塁に送球する」というスポーツスキルがスムーズにできるようになる。

このようにまずは**基本的運動スキルを身につけ、バリエーションを増やしていき、運動のコツのようなものが身につく**。そういう経験が野球の技術力の向上に繋がり、また戦術のバリエーションが増えることになる。

同様に打撃はバットを使って打つ行為はスポーツスキルだが、運動スキルとなるとバットである必要はない。ラケットやゴルフやホッケーのようなスティック状のもの、または木の枝でも「打つ」という運動スキルはマスターで決まる。

打つものがなんであれこれに「当てる」という運動スキルを加えていくと野球のスポーツスキルでいう「流し打ち」や「引っ張り打法」がスムーズに会得できるはずだ。

子どもの成長に合わせて、運動指導を

このように特定のスポーツをやる前に幼少期に投げる、走る、跳ぶなどの基礎的な運動

スキルを覚えてから行う必要がある。理論上、高度な技術をマスターできる**ゴールデンエイジの時期だからといって、全員が全員当てはまるわけではない**。子どもの成長度合いに合わせて段階を踏んで技術を指導していくことが大切なのだ。

運動スキルは運動体験によって自然に身につくものなので、幼少期から外遊びを積極的にさせることが重要と言える。第二次性徴期に入った子どもであれば、スポーツバイオメカニクスを理解しているスポーツトレーナーに動きの評価をしてもらうこともひとつだろう。競技力が高い中学生のチームでは、子どもの成長と体力に合わせてこのような運動スキル中心の練習を行っているところもある。今後このようなチームが増えていくことを願っている。

EPILOGUE テクノロジーと野球の未来

神事　努

私の小さい頃の夢はプロ野球選手になることでした。大学1年生でその夢を諦めました。指導者の言っていることを理解できないまま、私は腰と肩を痛め、思うようなプレーができなくなりました。そのとき言われ続けたバッティングでの「軸で回れ！」。この意味は今でも分かりません。だって、本当に串刺しになっているわけではないのですから。それから私は野球の真実が知りたくて科学者を目指しました。

私自身の研究内容を含め、スポーツ科学の知見が数多く蓄積されてきました。また、野球界にもテクノロジーの波が押し寄せ、データを使った新しいスポーツの楽しみ方が普及し始めています。そこで、「データやスポーツ科学を使って、野球をもっと面白くしたい。野球の真実を伝えたい」という思いで2017年にwebメディア「Baseball Geeks」を立ち上げました。

コンテンツの中身に高い評価を頂く一方で、「分かりにくい」という声も寄せられています。もちろん伝え方の悪さもあると思います。でも、扱う対象すべてがシンプルで分かりやすいものばかりではありません。世の中には分かりやすくすればするほど、正確性が失われてしまうものがあると私は思っています。Geeksでは、分かりやすさよりも正しさを重視してきました。学術論文を読み解くよりもずっと易しいとは思いますが、読み手に負荷がかかっているのは確かだと感じています。

また、即効的で明瞭な答えを求めている方からしてみれば、Geeks内の「科学的」な内容に曖昧さと回りくどさを感じているのかも知れません。勘や占い等とは対照的に「科学的」というだけで何かしら信用してしまうような、ある種のブランド力が「科学的」にはあります。だから断言できる内容を期待している部分があるのかもしれません。もちろん断言できる部分もあるのですが、スポーツ科学の分野においては実は歯切れの悪い言い回しをせざるを得ない側面がありますす。これについて「科学というのは何なのか」というところから掘り下げてみたいと思います。

科学の方法

科学というものは、あることをいう場合に、それがほんとうか、ほんとうでないかをいう学問である。つまり、いろいろな人が同じことを調べてみて、それがいつでも同じ結果になる場合に、「ほんとうである」といえるのである

中谷宇吉郎（１９５８）科学の方法（岩波新書）

本当かどうかを確かめるには、対象となる現象を繰り返して調べる必要があります。再現が不可能となれば、繰り返し調べることができないので、本当かどうかを調べることができません。ある高校球児が冬にウエイトトレーニングを取り入れ、打球速度がトレーニング前よりも上がったとします。この事実から「ウエイトトレーニングをしたから打球速度が上がった」と断言してしまう気も分かりますが、この結果だけでは不十分です。毎日何かしら練習していれば、ほっといても打球速度は上がるかもしれません。また、成長期の子どもであれば、練習をしていなくても上がる可能性はあります。つまり、トレーニングをしなかった場合と比較しなければ、効果があるかどうかは分からないのです。しかし、この高校球児は一度トレーニングをしてしまったからには、トレーニングをしていない元の状態に戻ることはできません。繰り返して調べることができないのです。

この再現可能性の問題を科学ではどう扱っているかというと、まずいろいろな状況や環境の選手をランダムに抽出し、2つのグループに分けます。ひとつのグループにはトレーニングをさせ、もう一方には普段通りの練習をしてもらいます。それぞれのグループにどのような打球速度の変化があったのか比較することで効果を検証します。

このように本当かどうかを確かめるには科学の方法に則ったやり方で検証しなくてはなりません。でも、人を対象とした研究は、同じ状況を再現することが不可能であるため、断言ができない部分が多く、結果が限定的でどうしても回りくどくなってしまうのです。

「走り込みをしたらからだにキレが出た」とプロ野球で3000本以上の安打を放った打者が自身のコンディショニングについて語っていたとします。「これだけの成績の選手が言っていることなのだから真実に違いない」と思ってしまいがちです。でも、先ほどの高校球児と同じように再現可能な状況を設定できていませんので、このような主観的な言説は、検証そのものができません。ですから、このプロ野球選手の言っていることは本当かもしれないし、実はデタラメかもしれないのです。

感覚をどのように翻訳するか

アスリートの感覚的な表現が検証できない理由は再現可能性の有無の問題だけではありません。「走り込み」も「キレ」もあいまいな表現で、定義が人によって異なります。だから正しさを確かめようがありません。主観的な表現をみんなが分かる形式、つまり数値を使って検証できるように「翻訳」しないと、効果は検証できないのです。

「走り込み」で言うと「頻度」、「回数」、「強度」というトレーニング科学の観点から、また「キレ」もバイオメカニクスの学問領域に照らして定義しなければ、「走り込み」と「キレ」の因果関係を説明できません。アスリートが言っていることは、経験的には本当かもしれません。しかし、ほんとうに本当なのかを確かめるにはスポーツ科学の言葉を使って「翻訳」する必要があるのです。

テクノロジーの進歩がもたらす「創造的破壊」

巷に溢れる情報のなかで「ほんとうである」と言えるものは非常に少ないと感じています。今の野球界では情報を伝える側に専門知識の有無は問われません。報道番組を見ていても、政治や経済はその専門家が解説をしているのに対し、スポーツコーナーでは専門的な教育を受けていない元プロ選手が解説者として登場します（すべてとは言いませんが）。指導者に関しても、本来であれば選手の心身の発達のために、本当のことを教えなくてはなりませんが、自分自身の主観を疑おうともせず、「翻訳」の手段も持たない指導者が多く、歪められた真実が選手には届けられています。

テクノロジーの進歩によって選手の評価や技術の見える化が進み、野球の真実が解き明かされ始めています。セイバーメトリクスやトラッキングシステムの登場によって、観察者の主観的な評価や目視による観察は機械に取って代わるでしょう。また、アナリストやデータコーディネーターのような新たな雇用も生まれてきています。今後、解説者や指導者など情報の伝え手の役割は激変するでしょう。野球の世界にも「創造的破壊」が起こっていることに気がつかなくてはなりません。

本書「新時代の野球データ論」には、最新のテクノロジーやスポーツ科学で明らかになった「ほんとうである」ことが書かれています。本書の製作にあたり株式会社カンゼンの滝川昂さん、小室聡さん、編集担当の花田雪さんには多大なる尽力を頂きました。この場を借りて御礼を申し上げます。

高校生の私が本書を読んだらきっとプロ野球選手になっていたでしょう。いや、絶対になっていたでしょう。なっていたに違いありません。でも残念ながら検証できません……。だから皆さんの手で試して欲しい。すべての現役プレーヤー、それを支援する指導者や家族。野球に携わるすべての人に真実が届きますように。

【PART2】

神事努(2013)：プロ野球投手のボールスピンの特徴. 日本野球科学研究会第一回大会報告集, 24-26

森下義隆, 神事努, 勝亦陽一(2016)：投球コースの違いがバットスイングに及ぼす影響 プロ野球選手と大学野球選手との比較, 野球科学研究会報告集, 126-127

森下義隆, 矢内利政(2018)：バットスイング軌道からみた左右方向への打球の打ち分け技術, 体育学研究63, 237-250

【PART3】

日本野球機構(編)：オフィシャルベースボールガイド, 共同通信社

厚生労働省(2009)：人口動態統計,月別出征及び死亡数,2-28

報知高校野球2018年9月号, 報知新聞社

Klissouras, V. et al.(2000)：Genes any Olympic performance ：a co-twin study. Int. J. Sports Med, 21, 250-255

善家賢(2012)：金メダル遺伝子を探せ！, 角川書店

宮下充正(2002)：子どものスポーツと才能教育, 大修館書店

遠山健太(2016)：運動できる子、できない子は6歳までに決まる!, PHP研究所

勝亦陽一(2019)：成長期野球選手における投球障害と身体発育の関係, トレーニング科学, 30(4) 213-220

Sgroi T., et al (2015)：Predictors of throwing velocity in youth and adolescent pitchers, J Shoulder Elbow Surg, 24(9), 1339-45

Silventoinen K., et al (2003)：Heritability of adult body height, a comparative study of twin cohorts in eight countries, Twin Res, 6(5), 399-408

Wehkalampi K., et al (2003)：Genetic and environmental influences on pubertal timing assessed by height growth, Am J Hum Biol., 20(4), 417-23

勝亦陽一 (2006)：筋形態および機能からみた投球速度の規定因子, 学位論文(修士), 早稲田大学人間科学学術院

Simoneau JA., and Bouchard C. (1995)：Genetic determinism of fiber type proportion in human skeletal muscle, FASEB J, 9(11), 1091-5

Zempo H, et al (2017)：Heritability estimates of muscle strength-related phenotypes(A systematic review and meta-analysis), Scand J Med Sci Sports., 27(12), 1537-1546

藤井勝紀(2013)：発育発達とScammoの発育曲線, スポーツ科学研究, 35, 1-16

国立スポーツ科学センター(2014)：女性アスリート指導者のためのハンドブック

小俣よしのぶ(2016)：スポーツをすると「スポーツが下手」になる, MUSTER(https://muster.jp/course), 331

遠山健太, 小俣よしのぶ(2016)：専門的なスキルの前に基礎的な運動スキルを身に付ける, コーチングクリニック2016年6月号, ベースボール・マガジン社

熊川大介(2015)：スキャモンの発育曲線とスポーツ指導, 子どもの発育発達 Vol.12 No.4

小俣よしのぶ(2018)：ゴールデンエイジ理論の誤解と少子化社会で求められる育成力, コーチングクリニック2018年11月号, ベースボール・マガジン社

参考文献／引用元

【PART1】

城所収二, 若原卓, 矢内利政(2011):野球のバッティングにおける打球飛距離と打球の運動エネルギーに影響を及ぼすスイング特性, バイオメカニクス研究15(3), 78-86

城所収二, 矢内利政(2017):野球における打ち損じた際のインパクトの特徴, バイオメカニクス研究21(2), 52-64

http://m.mlb.com
http://www.fangraphs.com

石井直方(2017):東京大学教授石井直方の筋肉の化学, ベースボール・マガジン社

笠原政志, 山本利春, 岩井美樹, 百武憲一, 森実由樹(2012):大学野球選手のバットスイングスピードに影響を及ぼす因子, Strength & Conditioning journal, 19(6), 14-18, 2012)

Nathan, A. (2000):Dynamics of the baseball–bat collision, American Journal of Physics, 68(11), 979-990

城所収二, 矢内利政 (2015):野球における『流し打ち』を可能にするもう一つのインパクトメカニズム, 体育学研究, 60(1), 103-115

川端浩一, 伊藤章 (2012):グリップ位置と投球速度の違いが野球のバットスイングに及ぼす影響, 体育学研究, 57(2), 557-565

DeRenne, C., Morgan, C.F., Escamilla, R.F., and Fleisig, G.S. (2010):A choke-up grip facilitates faster swing and stride times without compromising bat velocity and bat control. The Sport Journal, 13(2)

太田洋一, 中本浩輝(2015):バットグリップ位置の変化が野球の打撃タイミングと床反力および筋活動に与える影響, 体育学研究, 60(2), 527-537

Escamilla, R.F., Fleisig, G.S., DeRenne, C., Taylor, M.K., Moorman, Ⅲ, C.T., Imamura, R., Barakatt, E., and Andrews, J.R. (2009):Effect of bat grip on baseball hitting kinematics. Journal of Applied Biomechanics, 25(3), 203-209

Higuchi, T., Nagami, T., Nakata, H., Watanabe, M., Isaka, T., Kanosue, K. (2016): Contribution of visual information about ball trajectory to baseball hitting accuracy, Plos One, 11(2), e0148498

Hubbard, A.W., Seng, C.N. (1954):Visual movements of batters, Research Quarterly, 25(1), 42-57

Mann, D.L., Ho, N.Y., De Souza, N.J., Watson, D.R., Taylor S.J. (2007):Is optimal vision required for the successful execution of an interceptive task? Human Movement Science, 26, 343-356

中本浩揮(2011):スポーツ選手が心で「みる」世界ー打球運動の場合ー, トレーニング科学, 23(2), 113-120

日本スポーツ心理学会 (編) (2004):最新スポーツ心理学ーその軌跡と展望, 大修館書店

Spering, M., Gegenfurtner, K.R.(2008):Contextual effects on motion perception and smooth pursuit eye movements, Brain Research, 1225(15), 76-85

Watts R.G., Bahill A.T., (1990):Keep your eye on the ball:the science and folklore of baseball, W. H. Freeman and Company

柳澤修(監), 若松健太(監)(2015):科学するバッティング術, 英和出版社

Nathan, A. (2015):Optimizing the swing(https://tht.fangraphs.com/optimizing-the-swing/)

監修／神事 努（じんじ・つとむ）

1979年生まれ。國學院大學人間開発学部健康体育学科准教授。株式会社ネクストベース・エグゼクティブフェロー。国立スポーツ科学センター、国際武道大学を経て現職。女子ソフトボール日本代表の科学サポートを担当し、北京五輪での金メダルに貢献。2016年まで東北楽天ゴールデンイーグルスの戦略室R&Dグループのアドバイザーを務め、現在はスポーツ科学をベースとした選手のパフォーマンス向上や怪我防止に尽力。多くのプロ野球投手が、最新の「Pitch Design」のアドバイスを受けに訪れている。

著者／Baseball Geeks編集部

株式会社ネクストベース運営。野球データの啓発・教育を目的としたWebメディアサイト。最先端のスポーツ科学やデータを使い、野球の常識を検証したコラムを多数掲載。指導に役立つ情報・上達のヒントをはじめ、すべてのファンに野球の真実や新たな面白さを発信している。

https://www.baseballgeeks.jp/

STAFF

本文・装幀デザイン	株式会社デジカル
カバーイラスト	田形祐士
執筆	森本崚太（株式会社ネクストベース）／全編
	森下義隆（国立スポーツ科学センタースポーツ研究部研究員）／P65〜95
	氏原英明（スポーツジャーナリスト）／P98〜113
	勝亦陽一（東京農業大学応用生物科学部 准教授）／P188〜193、199〜204
	遠山健太（株式会社ウィンゲート代表取締役）／P194〜198、205〜213
編集協力	花田雪
編集	滝川昂、小室聡（株式会社カンゼン）、
	古澤英輔（株式会社ネクストベース）

本書は、Webメディアサイト「Baseball Geeks」に掲載された内容の一部を加筆修正したものです。

新時代の野球データ論
フライボール革命のメカニズム

発 行 日 2019年7月26日 初版
2019年8月23日 第2刷 発行

監 修 神事 努
著 者 Baseball Geeks 編集部
発 行 人 坪井 義哉
発 行 所 株式会社カンゼン
〒101-0021
東京都千代田区外神田 2-7-1 開花ビル
TEL 03 (5295) 7723
FAX 03 (5295) 7725
http://www.kanzen.jp/
郵便為替 00150-7-130339
印刷・製本 株式会社シナノ

万一、落丁、乱丁などがありましたら、お取り替え致します。

本書の写真、記事、データの無断転載、複写、放映は、著作権の侵害となり、禁じております。

(C)Tsutomu Jinji 2019
(C)NEXT BASE Corp. 2019
ISBN 978-4-86255-515-1